고등학생을 위한

표준
한국어

학습 도구

마리북스

고등학생을 위한

표준
한국어

국립국어원 기획 · 심혜령 외 집필

학습 도구

마리북스

다문화가정 학생 수는 매년 증가하여 2018년 12만여 명에 이릅니다. 그런데 중도입국자녀나 외국인 가정 자녀와 같은 다문화 학생들은 학령기 학생에게 기대되는 한국어 능력 수준에 이르지 못하는 경우가 많습니다. 이는 다문화 학생이 교과 학습 능력을 갖추지 못하거나 또래 집단 문화에 적응하지 못하는 결과로 이어지고, 결국 한국 사회에 안정적으로 정착하는 데 어려움을 겪는 주요한 원인이 됩니다. 따라서 다문화 학생을 위한 교육 지원은 보다 전문적이고 체계적으로 이루어져야 합니다.

학령기 한국어 학습자를 위한 정부 지원은 교육부에서 2012년에 '한국어 교육과정'을 개발하여 고시하였고, 국립국어원에서 교육과정을 반영한 학교급별 교재를 개발하면서 본격적으로 이루어졌습니다. 그 후 '한국어 교육과정'이 개정·고시(교육부 고시 제2017-131호)되었습니다. 이에 국립국어원에서는 2017년부터 개정된 교육과정에 따라 한국어 교재를 개발하고 있으며, 그 첫 번째 결과물로 초등학교 교재 11권, 중고등학교 교재 6권을 출판하게 되었습니다. 교사용 지도서는 별도로 출판은 하지 않지만 국립국어원 한국어교수학습샘터에 게시해 현장 교사들이 무료로 이용할 수 있게 하였습니다.

이번 교재 개발에는 언어학 및 교육학 전문가가 집필자로 참여하여 한국어 교육의 전문적 내용을 쉽고 친근하게 구성하기 위해 노력하였습니다. 특히 이 교재는 언어 능력 향상뿐만 아니라 서로 다른 문화를 이해하여, 한국 사회 구성원으로서 정체성을 확립하는 데 도움이 되도록 개발하였습니다.

아무쪼록 《표준 한국어》교재가 다문화가정 학생들이 한국어를 쉽고 재미있게 배워서 한국 사회에서 자신의 꿈을 키워나가는 데 도움을 줄 수 있기를 바랍니다.

끝으로 이 교재의 개발을 위해 최선의 노력을 기울여 주신 교재 개발진과 출판사에 깊은 감사의 말씀을 드립니다.

2019년 2월
국립국어원장 소강춘

머리말

　　최근 우리 사회는 본질적이고도 구체적인 국제화, 다문화 시대를 맞이하고 있습니다. 국제결혼, 근로 이민, 장단기 유학, 나아가 전향적 방향에서의 재외 동포 교류, 새터민 유입 등의 여러 가지 요인에 의해 지금까지의 민족 공동체, 문화 공동체, 국가 공동체의 개념을 뛰어 넘는 한반도 공동체의 시대를 살아가게 된 것입니다.

　　이 한반도 공동체 시대에 다양한 기반의 공동체 구성원들이 다 함께 행복하기 위해서는 사회가 보다 정의롭고 공정해야 하는데, 이를 위한 사회적 행동의 출발은 교육, 그중에서도 한국어 교육이라고 말할 수 있습니다. 특히 다문화 배경의 학령기 청소년, 이른바 KSL 학습자들의 경우, 이들 역시 우리 사회의 미래 주역이라는 점에서 우리 사회의 건강한 미래를 위해서는 이들 모두가 순조롭게 정착하고 공정하게 경쟁하여 발전할 수 있도록 의사소통 능력과 학업 이수를 위한 교육적 지원을 적극적으로 해 주어야 합니다. 이것이 바로 KSL 교육의 존재 이유이자 목표라 할 것입니다.

　　다행히 우리 사회는 이 부분에 있어 사회적 공감과 정책적 구체화에 일찌감치 눈을 떠 이미 2012년에 '한국어 교육과정'을 마련하였고 그에 따라 한국어(KSL) 교육이 공교육 현장에서 시행되어 오고 있습니다. 그리고 몇 년간의 시행 끝에 보다 고도화되고 구체화된 교육과정이 2017년에 개정되었고 그 교육과정의 구체적 구현으로서의 교재가 새로이 개발되기에 이르렀습니다. 교과 내용 설계에 대한 이론적, 행정적 검토를 거쳐, 학교생활 기반의 의사소통 능력 강화를 위한 교육 내용과 학업 이수 능력 함양의 필수 도구가 되는 한국어 교육 내용을 확정하여 교재로 구현하게 된 것입니다.

　　이 교재는 몇 가지 점에서 특별한 의미를 가지고 있습니다. 우선 체제 면에서 획기적인 시도를 꾀하였습니다. 이미 학습자 중심의 자율 선택형 모듈화 교육이 전 세계적으로 주목받으며 새로운 교육 방법으로 자리 잡아 가고 있는 데에 발맞추어, 학습자와 교육 현장의 개별성에 맞게 활용할 수 있는 확장성과 활용성을 높인 '개별 교육 현장 적합형 모듈 교재'로 만들어 낸 것입니다.

　　또한 이 교재는 학령기 청소년 학습자를 대상으로 하는 교재라는 특성에 맞게 디지털 교육 방법론을 적극 수용하였습니다. 모바일 및 인터넷 환경이 충분히 구비된 현실에서 모바일에 익숙한 청소년들의 흥미를 도모하면서 동시에 종이 교재의 일차원적 한계를 극복하여 보다 입체적인 교육이 가능할 수 있도록 구성하였습니다. QR 코드를 활용하여 공간을 초월한 입체적 확장을 꾀하면서 더 많은 정보를 선별적으로 받아들일 수 있도록 하였습니다. 또한 대화를 웹툰 형식의 동영상으로 구성하여 실제성과 재미를 더한 회화 교재 역할을 할 수 있도록 하였습니다.

머리말

이 교재는 개정 '한국어(KSL) 교육과정'에서 설정한 〈의사소통 한국어〉와 〈학습 도구 한국어〉를 구체화하여 교육 내용으로 구현하였다는 점에서 의미가 있습니다. 이제 앞으로 학령기의 청소년 한국어 학습자들이 이 교재를 좇아 학습함으로써 학교 안팎에서 의사소통 하는 데에 필요한 한국어 능력을 단계적으로 익혀갈 수 있게 되었습니다. 또한 단계별 한국어 능력에 맞춘 학습 능력 강화를 돕는 '학습 도구 한국어'의 구체적 구현도 교재를 통해 이루어 냈습니다. 학업 이수에 핵심이 되는 학습 활동과 사고 기능, 학습 기능 등을 한국어 단계에 맞게 설정하여 학습 도구 한국어 교재 내용으로 구현함으로써, 한국어(KSL) 교육에서 학습 도구 한국어란 무엇인가를 교재를 통해 확인할 수 있게 되었습니다.

이렇듯 다문화 배경의 학령기 청소년이 공정하게 경쟁하며 꿈을 펼칠 수 있도록 학교 안에서 준비할 수 있는 기회를 주어야 한다는 인식 위에서 진행된 이번 교재 개발은, 여러 기관과 많은 관계자들의 지원과 노력이 없이는 불가능한 것이었습니다. 우선 이 새롭고 의미 있는 교재가 완성되기까지 지원을 아끼지 않으신 교육부와 국립국어원 관계자 여러분들께 깊이 감사드립니다. 또한 새 시대에 맞는 교재를 만들어 보자는 도전 의식과 책임감을 가지고 밤낮없이 연구하며 이 교재를 개발, 완성해 온 집필진 모두에게 진심에서 우러나오는 감사를 드립니다. 더불어 시대의 흐름과 청소년 학습자 선호도에 맞춘 편집과 그림 및 동영상으로 새 시대 교재의 획을 그어 주신 출판사 마리북스에도 감사의 말씀을 드립니다.

이 교재 집필진 및 관계자와 이 사회 구성원 모두의 지지와 염원이 담긴 본 교재가 다문화 배경을 가진 청소년들이 우리 공동체 속에서 동등하게 살아가며 자신의 꿈을 실현하는 데 중요한 역할을 할 수 있기를 희망합니다.

2019년 2월

저자 대표　심혜령

차례

《고등학생을 위한 표준 한국어》(학습 도구) 교재는 다문화 배경을 가진 고등학생들이 학업을 수행하기 위해 요구되는 가장 기초적이고 기본적인 학습 기능을 학습할 수 있도록 설계되었다. 총 16개의 단원이며, 원활한 중학교 학업 수행을 위한 디딤돌 역할을 해 줄 교과 관련 주제와 텍스트, 활동으로 구성하였다.

[구성]

● 교재의 각 단원은 '학습 활동 소개', '학습하기', '지식 더하기'로 구성되어 있다.
● '학습하기'는 '학습 텍스트', '어휘 확인하기', '내용 확인하기', '기능 확인하기', '활동하기'로 구성되어 있다. 〈학습 도구〉 교재는 〈의사소통 3, 4〉의 '꼭 배워요'와 연계되는 동시에 '더 배워요'와 대응되는 영역이다. 〈의사소통 3, 4〉의 16개 단원과 〈학습 도구〉의 16개 단원은 각각 연계되어 있어 교육 현장의 상황에 따라 〈의사소통〉의 '더 배워요'와 〈학습 도구〉 중에 하나를 선택할 수 있다.

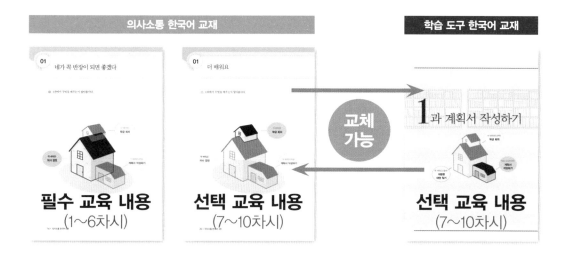

[교재 활용 정보]

● 교재 사용의 순서나 방법의 예를 들자면 다음과 같다.
● 한국어 교과 운영을 위한 시간이 충분히 확보되어 있는 교육 현장의 경우는 〈의사소통〉 교재의 '꼭 배워요', '더 배워요'와 〈학습 도구〉 교재를 모두 차례대로 사용할 수 있다.
● 의사소통 능력의 신장이 시급한 교육 현장의 경우라면, 〈의사소통〉 교재의 '꼭 배워요'와 '더 배워요'를 우선적으로 다룬 뒤 〈학습 도구〉를 부가적으로 다룰 수 있다. 교과 학습이 강조되는 교육 현장이라면 〈의사소통〉의 '꼭 배워요'와 〈학습 도구〉를 조합하여 교육함으로써 한국어 학습 기간을 단축하면서도 교과 학습의 준비를 할 수 있도록 하는 것이 가능하다. 만약 학습자의 의사소통 능력이 일정한 정도 이상이라고 파악되는 경우라면 〈학습 도구〉 교재만으로도 수업을 진행하는 것이 가능하다.

[단원의 구성]

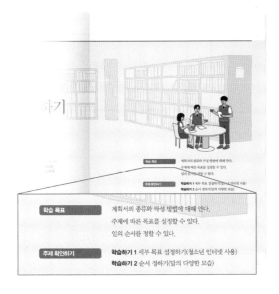

도입

- '도입'에서는 단원 전체의 내용을 조망할 수 있도록 하였다.
- 단원의 제목은 해당 단원에서 목표로 하는 학습 활동으로 정하였다.
- 단원에서 구현하고자 하는 학습 목표와 주제를 구체적으로 제시하였다.
- '도입'의 '집'은 각 단원에서 구성하고 있는 교육 내용을 시각화한 것이다. 이를 통해 단원의 각 영역에서 무엇을 배우는지 확인할 수 있으며, 단원의 전체 구성 및 각 교육 영역의 성격 또한 파악할 수 있다.

학습 활동 소개

- 해당 학습 활동의 절차와 과정, 방법 등을 시각화하여 구성하였다.
- 학습 활동에 따라 순서도를 구성하기도 하고 요령 등을 요약하여 제시하였다.
- 학습 기능에 대한 정보도 제공하여 해당 단원에서 구체적으로 어떤 기능을 학습하는지 명시하였다.

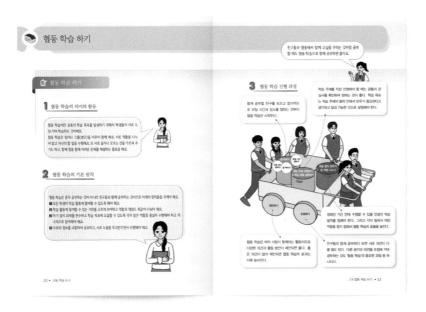

일러두기

학습하기

- 각 학습 기능의 특징이 잘 드러나는 시각화 및 매체화가 이루어진 텍스트로 구성하였다.
- 텍스트 주변에는 각 학습 기능의 개념이나 정보, 요령 등이 제시되어 있다.
- '어휘와 문법'에는 해당 텍스트에 제시된 새로 나온 〈학습 도구 한국어〉의 어휘 및 문법이 제시되었다.

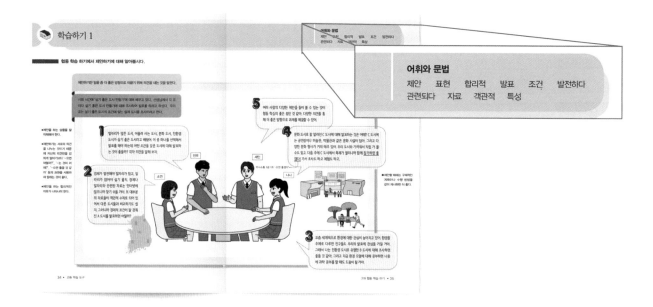

- '어휘 확인하기'는 해당 텍스트에 제시된 새로 나온 〈학습 도구 한국어〉 어휘를 활용해 괄호에 알맞은 어휘를 채워 문장을 완성하는 활동으로 구성하였다.
- '내용 확인하기'는 해당 텍스트의 내용 이해를 확인하는 문제로 구성하였다.

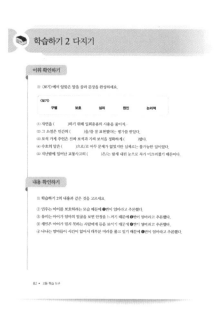

- '기능 확인하기'는 학습자가 학습 텍스트에서 해당 학습 기능이 구현된 부분을 찾거나 해당 기능의 정의 및 방법에 대한 지식을 확인하는 문제로 구성하였다.
- '활동하기'는 해당 학습 기능의 수행 가능성을 확인하는 활동과 학습 기능을 활용하여 단원의 학습 활동 일부를 수행할 수 있는지를 확인하는 과업으로 구성하였다.

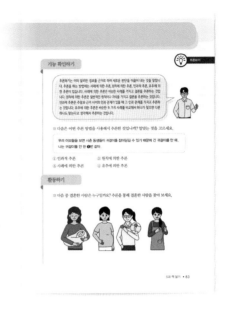

지식 더하기

- '한국어 교육과정'의 '교과 적응 한국어'는 본 교재 내용의 다음 단계에서 이루어지게 되어 있지만 '교과 적응 한국어' 교육 내용에 대해 교육 현장에서 다소나마 이해할 수 있도록 하기 위해 모바일 기반 교육 자료로 제공하였다.
- 단원의 주제 및 학습 텍스트 소재와 유관한 '교과 적응 한국어' 어휘를 제공하여 학습자들의 학습 한국어 능력을 보다 향상하고자 하였다.

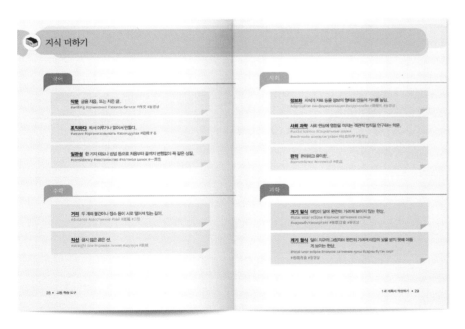

이름: 민우	이름: 세인	이름: 수호	이름: 나나
출신: 한국	출신: 우즈베키스탄	출신: 몽골	출신: 중국
나이: 17세	나이: 17세	나이: 17세	나이: 17세

이름: 소연
출신: 한국
나이: 17세

이름: 유미
출신: 일본
나이: 17세

이름: 김지영
출신: 한국
직업: 선생님

이름: 이진수
출신: 한국
직업: 선생님

내용 구성표

단원	주제	꼭 배워요(필수)		더 배워요(선택)		학습 도구(선택)	
		어휘	문법	기능	부가 문법	학습 활동	학습 기능
1	의사 결정	성격 관련 어휘 의사 결정 관련 어휘	-으면 좋겠다 -기 위해서 -어 보이다 -는 편이다	추천하기 주장하기	-어야지 -다고 생각하다 -어야겠-	계획서 작성하기	세부 목표 설정하기 순서 정하기
2	환경 미화	환경 미화 관련 어휘	-도록(목적) -을 테니(까) -는 대신에 -어 놓다/두다	제안하기 요청하기	-을지 -어 드리다	협동 학습 하기	제안하기: 학습 주제 제안하기 조정하기: 학습 방법 조정하기
3	과제	과제 관련 어휘	-잖아(요) -어 가다 -으려면 -어도	계획하기 문제 해결하기	이나 -거든(요)	보고서 쓰기	요약하기 정교화하기
4	또래 모임	모임 관련 어휘 감정 관련 어휘	-자마자 -고 말다 -는다고 -느냐고	경험한 일에 대해 이야기하기 감정 표현하기	-었었- -는구나	모둠 활동 하기	정보 수집하기 및 공유하기 토의하기
5	독서	독서 관련 어휘	-나 보다 -을 텐데 -으라고 -자고	정보 교환하기 감상 표현하기	이라도 -은 결과 -는 바람에	책 읽기	주제 찾기 추론하기
6	소통	통신 관련 어휘	-고 나다 -는 중이다 -는다면 -을 수밖에 없다	정중하게 부탁하기 안내하기	-대 -내	필기하기	메모하기 분류하기
7	여행	여행 관련 어휘	-어 가지고 -어 오다 -거든(요) -어 있다	여행 정보 구하기 걱정하기	-래 -재	복습하기	구성 요소와 속성 확인하기: 배운 내용 전반에 대한 내용 확인하기 핵심 정리하기: 핵심 내용 분석해 내기
8	생활 체육	생활 체육 관련 어휘	만 아니면 -었더니 -는 만큼 -느라고	자랑하기 변명하기	-는 척하다 -기는	점검하기	양상 확인하기 관계 파악하기

단원	주제	꼭 배워요(필수)		더 배워요(선택)		학습 도구(선택)	
		어휘	문법	기능	부가 문법	학습 활동	학습 기능
9	공부(학습)	학습 관련 어휘	-어서 그런지 -는 줄 알다/모르다 -었더라면 -으려다가	묻고 답하기 후회하기	-다니 에 비하면	문제 풀기	문제 해결하기 오류 확인하기
10	안전·보건	재난과 질병 관련 어휘	-는다거나 피동 표현 -을 뿐만 아니라 -던	대처 방법 지시하기 질병 예방법 설명하기	으로 인해 -고서	발표하기	표현하기 재구조화하기
11	고민 상담	고민 관련 어휘	-는 대로 -는다면서 -고 보니 -을걸	조언 구하기 도움 요청하기	-는 사이에 -을 정도로	토론하기	질문하기 진위 확인하기
12	실습·실기	실습과 실기 관련 어휘	-을수록 -는 모양이다 -던데 -은 채로	경고하기 과정 묘사하기	-을지도 모르다 -기만 하다	실험하기	증명하기 비교하기
13	대회 참가	대회 관련 어휘	-는 탓에 -어 버리다 -을 뻔하다 -더라	의도 표현하기 심정 표현하기	-기는 하다 -을 걸 그랬다	평가받기	암기하기 성찰하기
14	적성 탐색	적성과 직업 관련 어휘	-는 데다가 -든지 사동 표현 -나 싶다	충고하기 동의하기	뿐 -더라고요	예습하기	예측하기 의문 형성하기
15	봉사 활동	봉사 관련 어휘	-을 따름이다 -는 김에 -었던 -고 해서	거절하기 정보 구하기	만 같아도 이나마	체험하기	묘사하기 기술하기
16	진로 상담	진학과 취업 관련 어휘	-는 반면에 -더라도 -다시피 -곤 하다	권유하기 의견 표현하기	-다 보면 에 따라	학습 반응하기	준거 설정하기 가치 판단하기

1과 계획서 작성하기

더 배워요(선택)
학급 회의

학습 도구(선택)
**계획서
작성하기**

꼭 배워요(필수)
**적합한
대안 찾기**

학습 목표

계획서의 종류와 작성 방법에 대해 안다.

주제에 따른 목표를 설정할 수 있다.

일의 순서를 정할 수 있다.

주제 확인하기

학습하기 1 세부 목표 설정하기(청소년 인터넷 사용)

학습하기 2 순서 정하기(달의 다양한 모습)

계획서 작성하기

계획서란

1 계획서의 의미

계획서란 앞으로 할 일을 자세히 생각하여 정한 내용을 적은 것이에요. 계획서에 일의 목적과 목표, 절차와 순서, 방법 등을 잘 적어 두면 일을 효율적으로 할 수 있어요.

2 계획서의 종류

학교에 가면 다양한 계획서를 쓰게 돼요.
'학업 계획서, 봉사 활동 계획서, 여가 활동 계획서' 등
다양한 계획서가 있어요.

〈계획서 예시〉

○○ 계획서

＿＿ 고등학교 ＿ 학년 ＿반＿번 이름＿＿＿＿

목적	
기간	년 월 일 ～ 년 월 일
내용	목표
	절차 및 세부 일정
	방법

어떤 의사 결정을 하기 전에는 먼저 꼼꼼하게
계획서를 작성하는 것이 좋아요.

계획서 구성과 방법

어떤 계획서를 쓰느냐에 따라 구성과 내용이 조금씩 달라지기
도 하지만, 계획서에는 보통 주제와 목표, 절차, 방법 등이 들어
가요. 대안과 기대 효과까지 생각해 두면 더 효과적으로 일을
진행할 수 있어요.

1 주제 및 목적

계획서의 주제는 해야 할 일에서 중심이 되는
문제를 뜻한다. 목적은 그 일을 함으로써 이
루고자 하는 것을 말한다.

2 목표

3 절차

주제와 목적이 정해지면 그에 맞는 세부 목표를
설정해야 한다. 목표가 정해져야 이후 활동의 순
서와 방법을 정확히 정할 수 있다.

4 방법

세부 목표와 활동 내용을 생각하여 활동의 순
서와 세부 일정을 정해야 한다.

주제와 목적, 세부 목표, 절차 등을 고려하여
가장 잘 맞는 활동 방법(조사, 실험 등)을 선택
해야 한다. 그리고 그 방법에 문제가 생겼을
때를 대비하여 대안까지 생각하면 좋다.

조사 방법의 예: 자료(인터넷, 책, 신문,
영상 등) 조사, 인터뷰, 설문 조사, 답사 등

5 기대 효과

계획한 대로 성공했을 때 기대되는 효과를 적
는다. 기대 효과를 통해 활동의 동기를 강화할
수 있다.

학습하기 1

계획서 작성하기에서 세부 목표 설정하기에 대해 알아봅시다.

세부 목표 설정하기란 어떤 목적을 달성하기 위해 필요한 문제 해결 방향과 방법을 설정하는 것을 말한다.

국어 숙제로 '청소년의 인터넷 사용'에 대한 글을 써야 한다. 어떤 글을 쓸지 글의 목적을 정하고 그 목적을 이루기 위한 세부 목표를 설정하려고 한다.

2018. 07. 09.(월)

글의 목적을 정하기 위해 주제 제대로 이해하기

'청소년의 인터넷 사용'을 주제로 글을 써야 하는데 무엇을 목적으로 하는 글을 쓰지? 글의 목적을 정할 때는 주제를 정확하게 이해하는 것이 중요해. 그러니까 먼저 주제의 다양한 의미에 대해 생각해 보자.

우리 청소년들이 인터넷을 편리하게 잘 사용하고 있지. 유용한 정보도 찾고, 다양한 의견을 볼 수도 있어. 웹툰이나 게임같이 재미있는 것도 즐길 수 있고…….

그런데 문제점도 있지. 일단 너무 많은 시간을 쓰는 것 같아. 또 다른 사람의 생각이나 글을 그대로 베껴 오는 것도 문제고.

그래, 이번 글은 장점보다 문제점에 초점을 두고 써 보자.

글의 목적 정하기

청소년 인터넷 사용의 문제점과 심각성을 알리는 글을 써서 이 글을 읽은 청소년들이 인터넷을 지나치게 사용하지 않게 해야겠어.

이제 목적을 이루기 위한 목표를 생각해 보자.
세부 목표를 설정하기 위해서 무엇을 생각해 봐야 할까?

┈┈▶ 의사소통 3권 1과 '-기 위해서'

세부 목표 설정하기

세부 목표 설정 시 고려해야 할 사항들

글의 주제와 목적에 맞는
세부 목표 설정하기

□ (설명문) 사실을 중심으로 쓴다.

□ (논술문) 주장과 근거를 제시하여 쓴다.

□ (소설, 시) 비유나 상징 등 다양한 표현 방법을 활용하여 쓴다.

□ (수필) 자신의 생각, 경험 등을 솔직하게 쓴다.

□ 독자의 관심사를 고려하여 쓴다.

□ 매체에 따라 다양한 표현 방법을 활용한다.

위와 같은 점들을 고려하면 다음과 같이 세부 목표를 정할 수 있겠다.

1. 사실을 중심으로 쓴다.

　인터넷 사용의 문제점과 심각성을 알리는 글이니까 사실을 중심으로 써야 해.

2. 독자의 관심사를 고려하여 쓴다.

　인터넷 활용에 있어서 청소년들의 관심을 끌 수 있는 자료를 찾아야겠다. 우선 청소년이 인터넷을 얼마나 많이 사용하는지 확인해야 해. 그리고 청소년들이 인터넷을 지나치게 사용해서 생기는 문제의 사례를 찾아야겠어. 또한 그 심각성을 보여 줄 수 있도록 인터넷을 지나치게 사용해서 피해를 입은 청소년들의 인터뷰를 찾는 것이 좋겠다.

3. 매체에 따라 다양한 표현 방법을 활용한다.

　인터넷 사용의 문제점과 심각성을 잘 보여 주는 그림이나 사진이 있는지 찾아봐야겠다.

　글의 목적을 정하고 세부 목표도 설정했으니 이제 구체적인 계획서를 써야겠다.

학습하기 1 다지기

어휘 확인하기

▨ 〈보기〉에서 알맞은 말을 골라 문장을 완성하세요.

〈보기〉

| 고려 | 정보 | 제시 | 관심사 | 구체적 |

(1) 수학여행지는 모든 학생들의 (   )이다.

(2) 이 책에는 한국 경제에 대한 (   )이/가 많이 담겨 있다.

(3) 약속을 정할 때 여러 사람의 상황을 충분히 (   )해야 한다.

(4) 어떤 것을 설명할 때는 (   )으로/로 설명해야 이해하기 쉽다.

(5) 입구에 있는 직원에게 입장권을 (   )하면 자리를 안내해 줄 것이다.

내용 확인하기

▨ 학습하기 1의 내용과 같은 것을 고르세요.

① 인터넷은 좋은 점만 있다.

② 요즘 청소년들은 인터넷을 사용하지 않는 편이다.

③ 유미는 청소년의 인터넷 사용에 대해 조사해야 한다.

④ 유미는 인터넷 사용의 편리함에 대해 글을 쓸 것이다.

기능 확인하기

어떤 일의 계획을 세울 때 그 일의 목적을 확인하는 것이 매우 중요합니다. 목적이 정해지면 해당 목적을 달성하기 위한 세부 목표를 세워야 합니다. 글쓰기에서의 세부 목표를 정할 때는 먼저 글의 목적에 맞는 장르를 선택해야 합니다. 그리고 독자의 관심사를 고려하고 매체에 따라 다양한 표현 방법을 활용할 수 있습니다.

▨ 다음 중 학습하기 1에서 유미가 세부 목표 설정 시 고려한 사항으로 알맞은 것을 모두 고르세요.

☐ (설명문) 사실을 중심으로 쓴다.

☐ (논술문) 주장과 근거를 제시하여 쓴다.

☐ (소설, 시) 비유나 상징 등 다양한 표현 방법을 활용하여 쓴다.

☐ (수필) 자신의 생각, 경험 등을 솔직하게 쓴다.

☐ 독자의 관심사를 고려하여 쓴다.

☐ 매체에 따라 다양한 표현 방법을 활용한다 .

활동하기

▨ 일회용품 사용에 대한 글을 써야 합니다. 글의 목적과 세부 목표를 설정해 보세요.

주제	일회용품 사용
목적	
목표	

학습하기 2

계획서 작성하기에서 순서 정하기에 대해 알아봅시다.

순서 정하기란 주어진 기준에 따라 일의 순서를 정하는 것을 말한다.

'달의 다양한 모습'을 주제로 자유 탐구 계획서를 작성하고 있다. 우선 해야 할
일을 생각하고 그다음에 일의 순서를 정하려고 한다.

〈 자유 탐구 계획서 〉

	대한고등학교 1학년 2반 이름: 이민우		
주제	달의 다양한 모습		
목적	시간의 흐름에 따라 달의 모습이 어떻게 변화하는지 확인한다.		
목표	30일 동안 매일 달의 모습을 관찰한다. 달 사진을 찍고 관찰 일기를 쓴다. 달의 다양한 모습에 대한 보고서를 작성한다.		
기간	20XX. 9. 1. ~ 9. 30.		
세부 일정	일시	활동 내용	방법

탐구 순서를 정하기 전에 해야 할 일들에 대해 생각해야겠다.

관찰에 필요한
도구 준비하기

날씨 확인하기

관찰하기

추가 정보
수집하기

관찰 내용
정리하기

보고서
작성하기

달 뜨는 시간
확인하기

관찰 일기 쓰기

순서 정하기

할 일이 많네. 순서는 어떻게 정해야 할까?

- **중요한 것 생각하기** 먼저 중요한 것이 무엇인지 생각해야 한다.

관찰 일기 쓰기

관찰하기

보고서
작성하기

해야 할 일 중에 관찰하기, 보고서 작성하기,
관찰 일기 쓰기가 중요하다.

- **선후 관계 고려하기** 일반적인 선후 관계에 따라 순서를 정할 수 있다.

　관찰을 해야 관찰 일기를 쓸 수 있다. 그다음에 달에 대한 보고서를 쓸 수 있다.
'관찰하기 – 관찰 일기 쓰기 – 보고서 작성' 순서로 진행해야 한다.

- **상황과 환경 고려하기** 탐구하는 사람의 상황과 환경 등을 고려해서 순서를 정하기도 한다.

　해가 떠 있거나 날씨가 흐리면 달을 잘 볼 수 없다. 관찰에 필요한 도구가 있는지도
확인해야 한다. 그리고 관찰 일기를 쓰기 전에 관찰 내용을 정리할 필요가 있다.
마지막으로 보고서를 쓰기 전에 부족한 것이 있으면 추가 정보를 수집해야 한다.

이 순서로 탐구를 진행하면 되겠다!

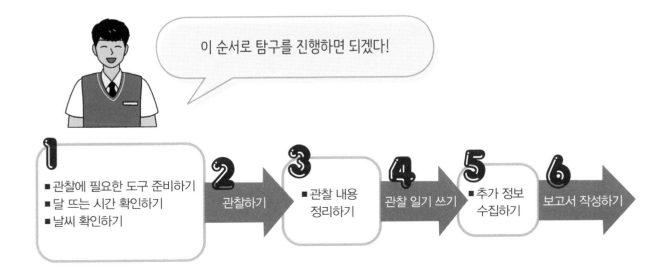

1
- 관찰에 필요한 도구 준비하기
- 달 뜨는 시간 확인하기
- 날씨 확인하기

2 관찰하기

3
- 관찰 내용 정리하기

4 관찰 일기 쓰기

5 추가 정보 수집하기

6 보고서 작성하기

학습하기 2 다지기

어휘 확인하기

■ 〈보기〉에서 알맞은 말을 골라 문장을 완성하세요.

〈보기〉				
관찰	수집	일정	작성	보고서

(1) 지난 과학 시간에 개미집을 자세히 (   )했다.

(2) 하루 종일 숙제할 때 필요한 자료를 (   )했다.

(3) 유미는 '청소년의 인터넷 사용'에 대한 (   )을/를 썼다.

(4) 다음 달에 가는 체험 활동의 (   )이/가 아직 정해지지 않았다.

(5) 동아리에 가입하려면 신청서를 (   )한 다음에 학생증과 같이 내야 한다.

내용 확인하기

■ 학습하기 2의 내용과 같으면 O, 다르면 X 하세요.

(1) 달의 다양한 모습을 관찰할 것이다.   (   )

(2) 한 달 동안 달의 모습을 관찰할 것이다.   (   )

(3) 달의 그림을 그리고 관찰 일기를 작성할 것이다.   (   )

기능 확인하기

탐구를 성공적으로 수행하려면 탐구 계획 단계에서 할 일의 순서를 정하는 것이 중요합니다. 일의 중요도에 따라 순서를 정하거나 일반적인 선후 관계에 따라 순서를 정할 수 있습니다. 탐구 시 탐구하는 사람의 상황을 고려할 수 있습니다.

■ 다음은 어떤 사항을 고려해서 순서를 정한 것입니까? 알맞은 것을 고르세요.

① 일반적인 순서를 따랐다.

② 중요한 것을 먼저 생각했다.

③ 상황과 환경을 고려해서 순서를 정했다.

관찰을 해야 관찰 일기를 쓸 수 있어.
그다음에 달에 대한 보고서를 쓸 수 있으니까
'관찰하기-관찰 일기 쓰기-보고서 작성' 순서로 진행해야겠어.

활동하기

■ 여러분은 무엇에 관심이 있습니까? 자유 탐구 계획서를 작성해 보세요.

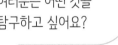

여러분은 어떤 것을
탐구하고 싶어요?

그것을 탐구하려면
무엇을 해야 해요?

그 일들을 어떤 순서로 할지
정해서 자유 탐구 계획서를
작성해 보세요.

지식 더하기

국어

작문 글을 지음. 또는 지은 글.
#writing #сочинение #зохион бичлэг #作文 #동영상

조직하다 짜서 이루거나 얽어서 만들다.
#weave #организовывать #зохицуулах #組織する

일관성 한 가지 태도나 방법 등으로 처음부터 끝까지 변함없이 꼭 같은 성질.
#consistency #постоянство #тогтмол шинж #一貫性

수학

거리 두 개의 물건이나 장소 등이 서로 떨어져 있는 길이.
#distance #расстояние #зай #距離 #그림

직선 굽지 않은 곧은 선.
#straight line #прямая линия #шулуун #直線

사회

정보화 지식과 자료 등을 정보의 형태로 만들어 가치를 높임.
#digitization #информатизация #мэдээллийн #情報化 #동영상

사회 과학 사회 현상에 영향을 미치는 객관적 법칙을 연구하는 학문.
#social science #социальные науки
#нийгмийн шинжлэх ухаан #社会科学 #동영상

편익 편리하고 유익함.
#convenience #егеежтэй #便益

과학

개기 일식 태양이 달에 완전히 가려져 보이지 않는 현상.
#total solar eclipse #полное затмение солнца
#нарныбүтэнхиртэлт #皆既日食 #동영상

개기 월식 달이 지구의 그림자에 완전히 가려져 태양의 빛을 받지 못해 어둡게 보이는 현상.
#total lunar eclipse #полное затмение луны #сарны бүтэн хирт
#皆既月食 #동영상

2과 협동 학습 하기

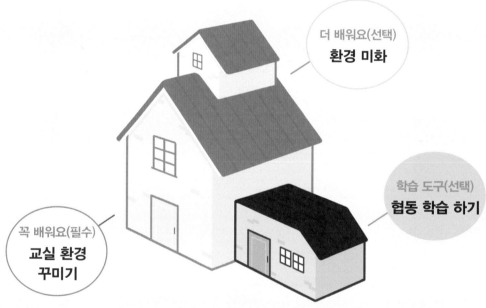

더 배워요(선택)
환경 미화

학습 도구(선택)
협동 학습 하기

꼭 배워요(필수)
**교실 환경
꾸미기**

학습 목표

협동 학습의 절차와 방법에 대해 안다.

협동 학습에서 제안하기의 기능에 대해 안다.

협동 학습에서 의견을 조정하는 방법에 대해 안다.

주제 확인하기

학습하기 1 제안하기: 학습 주제 제안하기(살기 좋은 도시)

학습하기 2 조정하기: 학습 방법 조정하기(신재생 에너지)

협동 학습 하기

 협동 학습 하기

1 협동 학습의 의미와 활동

협동 학습이란 공동의 학습 목표를 달성하기 위해서 학생들이 서로 도와 가며 학습하는 것이에요.

협동 학습은 팀이나 그룹(분단)을 이루어 함께 해요. 서로 역할을 나누어 맡고 자신의 할 일을 수행해요. 또 서로 돕거나 모르는 것을 가르쳐 주기도 하고, 함께 힘을 합해 어려운 문제를 해결하는 활동을 해요.

2 협동 학습의 기본 원칙

협동 학습은 혼자 공부하는 것이 아니라 친구들과 함께 공부하는 것이므로 아래의 원칙들을 지켜야 해요.

1 모든 학생이 학습 활동에 참여할 수 있도록 해야 해요.

2 학습 활동에 참여할 수 있는 기회를 고르게 부여하고 역할과 책임도 똑같이 나눠야 해요.

3 자기 팀이 과제를 완수하고 학습 목표에 도달할 수 있도록 각자 맡은 역할을 충실히 수행해야 하고 적극적으로 참여해야 해요.

4 자료와 정보를 교환하여 공유하고, 서로 도움을 주고받으면서 수행해야 해요.

친구들과 협동해서 함께 교실을 꾸미는 것처럼 공부할 때도 협동 학습으로 함께 공부하면 좋아요.

 협동 학습 진행 과정

학습 주제를 직접 선정해야 할 때는 공통의 관심사를 확인하여 정하는 것이 좋다. 학습 목표는 학습 주제의 범위 안에서 모두가 중요하다고 생각하고 달성 가능한 것으로 설정해야 한다.

함께 공부할 친구를 모으고 정기적으로 모일 시간과 장소를 정하는 것부터 협동 학습은 시작된다.

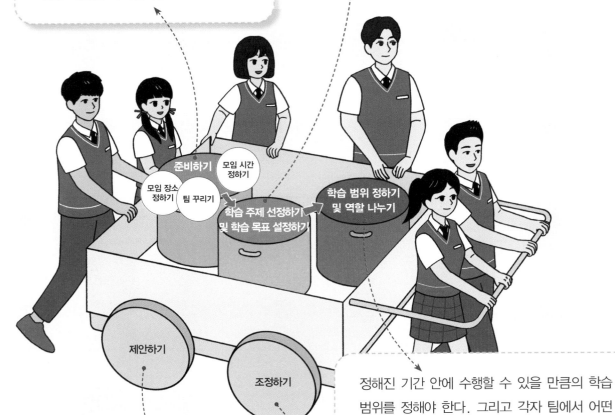

준비하기
모임 시간 정하기
모임 장소 정하기
팀 꾸리기
학습 주제 선정하기 및 학습 목표 설정하기
학습 범위 정하기 및 역할 나누기
제안하기
조정하기

정해진 기간 안에 수행할 수 있을 만큼의 학습 범위를 정해야 한다. 그리고 각자 팀에서 어떤 역할을 할지 정해서 협동 학습의 효율을 높인다.

협동 학습은 여러 사람이 함께하는 활동이므로 다양한 의견과 활동 방안이 제안되면 좋다. 좋은 의견이 많이 제안되면 협동 학습의 효과는 더욱 높아진다.

친구들과 함께 공부하다 보면 서로 의견이 다를 때도 있다. 다른 생각과 의견을 조정해 가며 공부하는 것도 '협동 학습'의 중요한 과정 중 하나이다.

■■■■ **협동 학습 하기에서 제안하기에 대해 알아봅시다.**

> 제안하기란 일을 좀 더 좋은 방향으로 이끌기 위해 의견을 내는 것을 말한다.

> 사회 시간에 '살기 좋은 도시 만들기'에 대해 배우고 있다. 선생님께서 각 조마다 살기 좋은 도시 만들기에 대해 조사하여 발표를 하라고 하셨다. 우리 조는 살기 좋은 도시의 조건에 맞는 실제 도시를 조사하려고 한다.

- 제안을 하는 상황을 잘 이해해야 한다.

- 제안하기는 서로의 의견을 나누는 것이기 때문에 자신의 의견만을 강하게 말하기보다 '−으면 어떨까?', '−는 것이 어때?', '−으면 좋을 것 같아' 등의 표현을 사용하여 말하는 것이 좋다.

- 제안을 하는 합리적인 이유가 나타나야 한다.

1. 일자리가 많은 도시, 어울려 사는 도시, 문화 도시, 친환경 도시가 살기 좋은 도시라고 배웠어. 이 중 하나를 선택해서 발표를 해야 하는데 어떤 조건을 갖춘 도시에 대해 발표하는 것이 좋을까? 각자 의견을 말해 보자.

민우

소연

2. 경제가 발전해야 일자리가 많고, 일자리가 많아야 살기 좋지. 경제나 일자리와 관련된 자료는 인터넷에 많으니까 찾기 쉬울 거야. 또 대부분의 자료들이 객관적 수치로 되어 있어서 다른 도시들과 비교하기도 쉽지. 그러니까 경제적 조건이 잘 갖춰진 A 도시를 발표하면 어떨까?

제안하기

여러 사람의 다양한 제안을 들어 볼 수 있는 것이 협동 학습의 좋은 점인 것 같아. 다양한 의견을 통해 더 좋은 방향으로 과제를 해결할 수 있어.

문화 도시로 잘 알려진 C 도시에 대해 발표하는 것은 어때? C 도시는 공연장이나 미술관, 박물관과 같은 문화 시설이 많은 특성이 있어. 그리고 다양한 문화 행사가 거의 매주 있어. 우리 도시와 가까워서 직접 가 볼 수도 있고. 다음 주에 C 도시에서 축제가 열리니까 함께 <u>참가하면 좋겠다!</u> 가서 조사도 하고 체험도 하고.

세인

의사소통 3권 1과 '-으면 좋겠다'

나나

■ 제안할 때에는 구체적인 계획이나 수행 방법을 같이 제시하면 더 좋다.

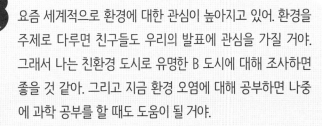
요즘 세계적으로 환경에 대한 관심이 높아지고 있어. 환경을 주제로 다루면 친구들도 우리의 발표에 관심을 가질 거야. 그래서 나는 친환경 도시로 유명한 B 도시에 대해 조사하면 좋을 것 같아. 그리고 지금 환경 오염에 대해 공부하면 나중에 과학 공부를 할 때도 도움이 될 거야.

학습하기 1 다지기

어휘 확인하기

▨ 〈보기〉에서 알맞은 말을 골라 문장을 완성하세요.

〈보기〉

관련	발전	제안	특성	표현

(1) 반 친구들에게 부산 여행을 (   )했다.

(2) 행복한 기분을 말로 다 (   )할 수 없었다.

(3) 과학의 (   )으로/로 일상생활의 많은 부분이 편해졌다.

(4) 소나무는 건조하고 추운 기후에도 잘 자란다는 (   )이/가 있다.

(5) 선생님께서 수행 평가 주제와 (   )이/가 있는 책을 추천해 주셨다.

내용 확인하기

▨ 학습하기 1의 내용과 같은 것을 고르세요.

① 민우네 조는 도시 문제에 대해 소개할 것이다.

② A 도시는 인터넷에 자료가 가장 많은 도시이다.

③ B 도시는 과학 교과서에 나오는 세계적인 도시이다.

④ C 도시는 문화 시설이 많고 문화 행사가 많이 열리는 도시이다.

기능 확인하기

협동 학습 시 제안하기는 중요한 역할을 합니다. 제안하기는 어떤 일을 더 좋은 쪽으로 해결하기 위해 의견을 내는 것을 말합니다. 다양한 의견을 내는 것은 문제를 보다 좋은 방향으로 해결해 나갈 수 있게 도와줍니다. 제안을 할 때에는 왜 그 제안을 하게 되었는지 현재 상황을 잘 드러내야 합니다. 그리고 상황에 맞는 합리적인 제안을 해야 합니다. 또 그 제안을 뒷받침할 수 있는 근거를 잘 보여 주어야 합니다. 구체적인 계획이나 수행 방법을 같이 제시하면 더 좋습니다.

▨ 다음 중 제안하기에 대한 설명으로 알맞지 <u>않은</u> 것을 고르세요.

① 합리적인 내용을 제안해야 한다.
② 제안을 하는 이유를 제시해야 한다.
③ 자신의 의견을 강하게 주장해야 한다.
④ 구체적인 계획을 같이 제시하는 것이 좋다.

활동하기

▨ '도시 문제'를 주제로 발표하려고 합니다. 어떤 내용으로 발표를 하면 좋을지 서로 제안해 보세요.

〈내 제안〉

〈보기〉
나는 여러 가지 도시 문제 중에서 교통 문제에 대해서 발표하면 좋겠어. 교통 문제는 불편함을 넘어 우리의 안전을 위협하기 때문이야.

〈친구의 제안〉

학습하기 2

협동 학습 하기에서 조정하기에 대해 알아봅시다.

조정하기란 여러 사람의 의견이 일치되지 않을 때 서로 의논하고 양보하여 의견을 일치시키거나 의견 차이를 좁히는 것을 말한다.

친구들과 '신재생 에너지'에 대해 협동 학습 활동을 하고 있다. '신재생 에너지'의 실제성을 확인하는 활동을 하려고 한다.

■ 조정하기 위해서는 먼저 다른 사람의 의견에 귀를 기울여야 한다.

■ 의견들 사이의 공통점과 차이점을 확인하고 의견의 차이를 줄여 나가기 위해 노력해야 한다.

 신재생 에너지가 실생활에서 어떻게 쓰이고 있는지, 장단점은 무엇인지 확인하는 활동이 필요한 것 같아. 어떤 방법으로 확인하는 것이 좋을까?

세인

신재생 에너지의 원리를 적용해서 쉽게 만들 수 있는 실제 사물을 만들어 보자. 자전거 발전기를 만들어 보는 것이 어때? 실제 사물을 만들어 보는 것이 신재생 에너지의 실현 가능성을 확인하는 가장 좋은 방법인 것 같아.

소연

■ 조정할 때는 다른 사람의 의견을 무시하고 자신의 주장만을 내세워서는 안 된다.

■ 상대방의 의견을 인정하고 존중하고 있음을 보여 주면서 자신의 의견을 전달해야 한다.

 직접 만들어 보면 참 재미있겠다! 그런데 직접 만드는 것은 시간도 많이 걸리고 비용도 많이 들어서 힘들 것 같아. 신재생 에너지를 <u>만드는 대신에</u> 신재생 에너지를 실제로 잘 쓰고 있는 마을에 가서 어떻게 쓰고 있는지를 직접 확인해 보자.
마을 분들과 이야기해 보면 신재생 에너지의 좋은 점과 문제점에 대해 더 잘 알 수 있을 거야.

의사소통 3권 2과 '-는 대신에'

조정하기

그래. 유미의 말대로 △△마을에 가면 우리가 하고 싶은 활동을 다 할 수 있겠다. 그럼 학습 활동을 정했으니까 언제, 어떻게 갈지 이야기해 보자.

■ 참여한 사람 모두가 조정된 내용에 동의할 수 있도록 조정해야 한다.

민우

유미

나나

지금까지 의견을 정리해 보면 세인이는 체험을 하고 싶고, 소연이는 신재생 에너지를 실제로 쓰고 있는 마을에 가 보고 싶고, 나나는 홍보관에 가서 더 다양한 모습을 보고 싶은 거지?

그럼 △△마을에 가자! 그 마을 안에는 신재생 에너지 홍보관도 있어. 그곳에 가면 소연이의 말처럼 신재생 에너지 마을의 장단점에 대해 알 수 있고, 홍보관에서 우리가 배운 이론들을 확인할 수 있어. 그리고 홍보관에 다양한 체험 활동이 있을 테니까 세인이가 하고 싶은 활동도 할 수 있을 거야.

⌐→ 의사소통 3권 2과 '-을 테니(까)'

■ 조정하기는 의견 하나를 선택하는 방식과 여러 의견 중 좋은 내용만을 뽑아 하나로 합치는 방식으로 할 수도 있다.

나도 소연이 의견에 동의해. 우리가 직접 만들어 보는 것보다 신재생 에너지와 관련된 곳을 방문하는 것이 더 좋을 것 같아.

홍보관에 가면 신재생 에너지 마을을 방문하는 것보다 더 다양한 신재생 에너지의 사용 가능성을 확인할 수 있어. 그러니까 신재생 에너지 홍보관에 가 보자.

학습하기 2 다지기

어휘 확인하기

■ 〈보기〉에서 알맞은 말을 골라 문장을 완성하세요.

〈보기〉

| 동의 | 전달 | 참여 | 가능성 | 상대방 |

(1) 유미는 민우의 의견에 (   )했다.

(2) 내일 비가 올 (   )이/가 높은 편이다.

(3) 대화할 때는 (   )의 눈을 보면서 이야기하는 것이 좋다.

(4) 아파서 학교에 오지 못한 유미에게 선생님의 말씀을 (   )했다.

(5) 이번 축제의 장기 자랑에 우리 반 학생 모두가 (   )하기로 했다.

내용 확인하기

■ 학습하기 2의 내용과 같은 것을 고르세요.

① 신재생 마을에서 다양한 체험 활동을 할 수 있다.

② 신재생 마을을 방문하면 마을의 옛 모습을 볼 수 있다.

③ 신재생 에너지 홍보관에서 배운 이론들을 확인할 수 있다.

④ 신재생 에너지를 직접 만드는 활동이 비용이 가장 적게 든다.

기능 확인하기

협동 학습에서 서로 의견이 다를 때 조정하여 의견 차이를 줄일 수 있습니다. 조정할 때 먼저 다른 사람의 의견에 귀를 기울여야 합니다. 다양한 의견들 간에 공통점과 차이점을 찾고 의견의 차이를 줄여 나가기 위해 노력해야 합니다. 조정을 할 때는 자신의 의견만을 내세우면 안 됩니다. 상대방의 의견을 인정하고 존중하고 있음을 보여 주면서 자신의 의견을 전달해야 합니다. 조정하기는 의견 하나를 선택하는 방식으로 할 수도 있고, 여러 의견의 좋은 내용만을 뽑아 하나로 합치는 방식으로 할 수도 있습니다. 참여한 사람 모두가 조정된 내용에 동의할 수 있도록 조정해야 합니다.

■ 다음은 무엇을 고려해서 조정한 것입니까? 〈보기〉에서 알맞은 것을 고르세요.

〈보기〉　　(가) 참여하는 사람들 모두가 조정하는 의견에 동의해야 한다.
　　　　　　(나) 여러 제안 중에서 좋은 것만 뽑아서 하나로 만들 수 있다.
　　　　　　(다) 다른 사람의 의견을 인정하고 존중하고 있음을 보여 줘야 한다.

그곳에 가면 나나의 말처럼 미래의 마을 모습도 볼 수 있고, 홍보관에서 우리가 배운 이론들을 확인할 수도 있어. 그리고 홍보관에 다양한 체험 활동이 있을 테니까 세인이가 하고 싶은 활동도 할 수 있을 것 같아.　(　　　　　　)

활동하기

■ 민우와 친구들이 모임을 할 장소를 정하려고 합니다. 각각의 장소가 가진 장단점을 보고 어디에서 모임을 하는 것이 좋을지 조정을 통해 정해 보세요.

A 장소는 교통이 편리한 대신에 항상 손님이 많아서 시끄럽다.

B 장소는 조용한 대신에 의자가 불편해서 오래 앉아 있기 힘들다.

C 장소는 여러 사람이 앉을 수 있는 공간이 있지만 교통이 불편하다.

우리가 정한 모임 장소 _____

지식 더하기

국어

주장 자신의 의견이나 신념을 굳게 내세움. 또는 그런 의견이나 신념.
#assertion #утверждение #шаардлага #主張 #동영상

타협 어떤 일을 서로 양보하여 의논함.
#compromise #согласие #тохиролцоо #妥協 #그림

협상 서로 다른 의견을 가진 집단이 모여 문제를 해결하고 결정을 하기 위해 의논함.
#negotiation #переговоры #хэлэлцээ #交涉 #동영상

수학

집합 수학에서 특정 조건이 맞는 원소들의 모임.
#set #совокупность #олонлог #集合 #그림

원소 수학에서 집합을 이루는 낱낱의 요소.
#element #элемент #элемент #要素 #동영상

대도시 정치, 경제, 문화 활동의 중심지로 지역이 넓고 인구가 많은 도시.
#big city #крупный город #том хот #大都市

도시화 도시의 문화가 전해져서 도시가 아닌 곳이 도시처럼 됨. 또는 그렇게 만듦.
#urbanization #урбанизация #хотжилт #都市化 #동영상

공동체 같은 이념 또는 목적을 가지고 있는 집단.
#community #община #хамт олон #共同体 #동영상

친환경 자연 환경을 손상시키지 않으며 그대로의 상태와 잘 어울리는 일.
#being eco-friendly #экологически чистая среда
#байгаль орчинд ээлтэй #環境親和 #동영상

신소재 이전에 없던 뛰어난 특성을 지닌 재료.
#new material #новый материал #шинэ материал #新素材 #동영상

3과 보고서 쓰기

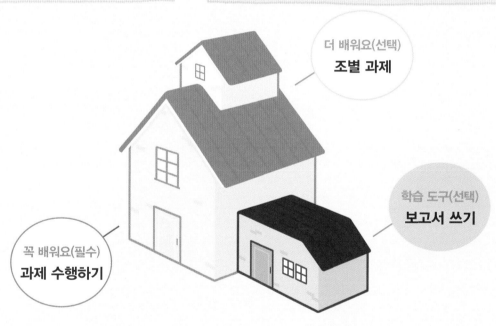

더 배워요(선택)
조별 과제

학습 도구(선택)
보고서 쓰기

꼭 배워요(필수)
과제 수행하기

학습 목표

보고서의 작성 과정과 보고서에 쓸 내용을 안다.

자료에서 필요한 정보를 찾아 내용을 요약할 수 있다.

정보를 정교화할 수 있다.

주제 확인하기

학습하기 1 요약하기(의사소통의 자세)

학습하기 2 정교화하기(비둘기집 원리)

보고서 쓰기

 보고서 쓰기

 보고서의 의미

보고서란 관찰·체험을 하거나 조사·연구를 한 것의 내용이나 결과를 알리는 글이에요.

 보고서 작성 과정

1 계획 세우기

주제, 목적, 대상, 기간, 방법 등을 생각하고 계획을 세운다.

2 자료 수집

조사, 관찰, 실험, 연구 등 다양한 방법으로 자료를 수집한다.

3 자료 정리 및 분석

수집한 자료를 정리하고 정확하게 분석한다.

4 보고서 작성

목적에 맞도록 명확하고 일관성 있게 작성한다.

학교에서 해야 하는 과제 중에는 어떤 주제에 대해 관찰·조사를 하거나 실험·체험을 하는 것이 있어요. 이때 수집한 자료들을 분석하고 정리해서 보고서를 써요.

 보고서의 구성

처음

- 주제와 목적
- 조사/관찰/실험 기간
- 조사/관찰/실험 대상
- 조사/관찰/실험 방법

중간

- 자료 수집 결과 제시
- 수집한 자료 분석하기
- 분석한 내용 서술하기

조사, 관찰, 실험 등을 통해 수집한 자료의 결과를 제시할 때는 거짓이 없어야 한다.

분석한 내용을 요약하고 정교화해서 제시한다.

끝

- 전체 내용 요약하기
- 결론 제시하기
- 자신의 의견 덧붙이기
- 출처

전체 내용을 요약하면서 보고서를 정리한다.

자료의 출처를 반드시 제시해야 한다.
예) 심혜령 외 16인, 《표준 한국어》 서울: 마리북스, 2019년, 31쪽.

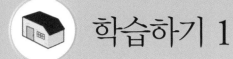

학습하기 1

보고서 쓰기에서 요약하기에 대해 알아봅시다.

> 요약하기란 말이나 글에서 중요한 것을 골라 짧고 간단하게 정리하는 것을 말한다.

> 민우가 '의사소통'에 대한 보고서를 작성해야 한다. 이를 위해 말하는 방법, 듣는 방법에 대한 자료를 찾았다. 각각의 자료에서 중요한 내용만을 요약하여 보고서를 작성하려고 한다.

■ 보고서를 쓸 때 찾은 자료의 내용을 모두 쓰지 않는다. 이 중에서 필요한 자료만 요약해서 사용하면 된다.

■ 요약하는 방법
- 중심 내용을 찾는다.
- 불필요한 내용이나 예를 삭제한다.
- 비슷한 내용이 여러 문장으로 있을 때는 한 문장으로 재구성할 수 있다.

한국신문

Issue: 240104 THE WORLDS BEST SELLING NATIONAL NEWSPAPER Est - 1965

First Edition Monday 5th June

'나 전달법'과 '너 전달법'

'나 전달법'은 대화를 할 때 상대방의 기분을 나쁘지 않게 하면서 나를 주어로 해서 원하는 메시지를 전달하는 표현법이다. '너 전달법'은 '너는 ……하다'와 같이 상대를 주어로 하는 표현법이다. 즉 상대방을 주어로 해서 상대의 존재를 평가하는 표현이다. (중략)

의사소통 3권 3과 '-으려면'

내 의사를 올바르게 표현하려면 어떻게 해야 할까? 바로 나를 주제로 상대방의 행동에 대해 표현하는 것이 좋다. 예를 들어 '네가(상대방 행동) ……하니까, 그 결과 ……하여(나에게 준 영향), 나는(내가 느낀 감정) ……하다'와 같이 표현하는 것이다.

우리가 듣는 방법에는 네 가지 유형이 있다. 첫째는 판단하면서 듣는 유형, 둘째는 질문하면서 듣는 유형, 셋째는 조언하면서 듣는 유형, 넷째는 공감하면서 듣는 유형이다. 다른 유형에 비해서 공감하면서 듣는 유형이 효과적이다.

"저는 음악을 가장 좋아해요."라고 말을 했을 때, "그래, 너는 음악을 가장 좋아하는구나."와 같이 반응하는 것이 공감하면서 듣는 유형이다.

공감하며 듣는 것은 특별한 방법이 필요한 것은 아니다. 상대방의 말이나 목소리, 표정, 동작에 주의하면서 추측한 다음에 "너는 이렇게 느낀 것 같은데, 내 추측이 맞아?" 하면서 돌려주는 것이다. 상대방한테 들은 것을 다시 확인하면서 "응, 그렇구나."라는 말로 돌려주면서 정말로 그 말을 이해하고 있고, 또 그 말을 잘 들었다는 것을 나타내는 것이다.

요약하기

의사소통의 자세

대한고등학교 1학년 2반 이민우

　의사소통을 잘하려면 알맞게 표현하고 올바르게 받아들이는 자세가 필요하다.

⌐⌐⌐⌐⌐ ● 의사소통 3권 3과 '-으려면'

말하는 방법

　말하기 방법에는 '나 전달법'과 '너 전달법'이 있다. '나 전달법'은 대화를 할 때 나를 주어로 원하는 메시지를 전달하는 표현법이다. '너 전달법'은 상대를 주어로 메시지를 전달하는 표현법이다. 이 표현법은 상대의 존재를 평가하는 표현이다. 그러므로 내 의사를 올바르게 표현하려면 나를 주어로 상대방의 행동에 대해 내가 느낀 감정을 표현하는 것이 좋다.

듣는 방법

　듣는 방법에는 다양한 유형이 있는데 그중에서 공감하면서 듣는 유형이 가장 효과적이다. 공감하며 듣는 유형은 상대방의 말, 목소리, 얼굴 표정, 동작에 주의하면서 추측한 다음에 상대방에게 들은 것을 다시 돌려주는 것이다. 다시 말하면 정말로 그 말을 이해하고 있고, 또 그 말을 잘 들었다는 것을 나타내는 것이다.

출처: 신문, 책

■ 요약은 자료에 있는 내용을 그대로 옮겨 쓰는 것이 아니다. 자신의 언어로 바꿔서 써야 한다. 단, 글의 의미가 바뀌지 않게 주의해야 한다.

학습하기 1 다지기

어휘 확인하기

■ 〈보기〉에서 알맞은 말을 골라 문장을 완성하세요.

〈보기〉

삭제	요약	의사	존재	추측

(1) 지구에는 수많은 생명체가 (　　　　)한다.

(2) 컴퓨터에서 필요 없는 파일을 (　　　　)했다.

(3) 수업이 끝난 후에 배운 내용을 (　　　　)해서 공책에 썼다.

(4) 주인공이 왜 그런 행동을 했을지 (　　　　)하면서 소설을 읽으면 훨씬 재미있다.

(5) 전화와 인터넷을 이용해서 다른 사람에게 자신의 (　　　　)을/를 더 빨리 전달할 수 있다.

내용 확인하기

■ 학습하기 1의 내용과 같은 것을 고르세요.

① 의사소통을 잘하려면 말만 잘하면 된다.

② '나 전달법'은 상대의 존재를 평가하는 것이 좋다.

③ 듣기의 여러 유형 중에서 판단하면서 듣는 것이 가장 좋다.

④ 공감하면서 듣는 것은 상대방의 말에 반응하며 듣는 것이다.

기능 확인하기

보고서를 쓸 때 찾은 자료의 내용을 모두 쓰지 않습니다. 보고서에서는 중요한 내용을 요약해서 정리하는 것이 중요합니다. 이때 찾은 자료를 그대로 옮겨 쓰면 안 됩니다. 글의 의미가 바뀌지 않게 주의하면서 자신의 말로 바꿔서 써야 합니다. 내용을 요약할 때는 먼저 중심 내용을 찾는 것이 중요합니다. 그리고 중심 내용에서 벗어난 부분이나 예를 들어 설명한 부분은 삭제해도 됩니다. 또한 비슷한 내용을 한 문장으로 재구성할 수 있습니다.

▨ 다음 중 요약하는 방법으로 알맞지 <u>않은</u> 것을 고르세요.

① 중심 내용을 찾는다.
② 반복되는 내용을 삭제한다.
③ 비슷한 내용을 한 문장으로 만든다.
④ 자료에 있는 내용을 그대로 써야 한다.

활동하기

▨ 다음 글을 읽고 중요한 내용에 밑줄을 그어 보세요. 그리고 필요하지 않은 내용을 삭제하고 요약해 보세요.

> 진정한 친구는 나에게 말을 많이 하는 사람이 아니라 내 말을 잘 들어 주는 사람이라고 한다. 탈무드에서는 사람이 입이 하나고 귀가 두 개인 이유가 한 번 말하고 두 번 들으라는 뜻이라고 말한다. 하지만 대체로 사람들은 자기 말을 많이 하고 남의 말은 잘 들어 주지 않는다. 그래서 선생님은 학생들이 자기 말을 듣지 않는다고 불평하고, 학생은 선생님이 자신의 말을 들어 주지 않는다고 불평한다. 아버지는 자식이 부모의 말을 듣지 않는다고 화를 내고 자식은 부모가 자신의 말을 신경 쓰지 않는다고 섭섭해한다. 우리가 가족과 이웃을 사랑하는 방법은 많이 있겠지만 시간을 내서 상대방의 말을 잘 들어 주는 것이 가장 좋은 방법이 될 것이다.

■■■■■ **보고서 쓰기에서 정교화하기에 대해 알아봅시다.**

> 정교화하기란 세부 사항, 자세한 설명, 실제 예, 관련 내용 등을 더해 내용의 완성도를 높이는 것을 말한다.

> '비둘기집 원리'에 대해 보고서를 쓰고 있다. 보고서의 완성도를 높이기 위해 내용을 추가하려고 한다.

비둘기집 원리

대한고등학교 1학년 2반 김소연

우리가 일상생활에서 쓰는 단순한 원리들 중에 수학적인 문제를 풀 때 쓰는 원리가 있다. 그중에 대표적인 것이 '비둘기집 원리'이다.

비둘기집 원리는 비둘기 집의 수보다 비둘기 수가 더 많을 때 모든 비둘기가 집에 들어가려면 반드시 어떤 집에는 두 마리 이상이 있어야 한다는 것이다. 예를 들어 비둘기 집이 9개가 있고 비둘기가 10마리가 있을 때 집 하나에 비둘기가 한 마리씩 들어가면 한 마리가 남는다. 그래서 남은 비둘기는 이미 다른 비둘기가 있는 집으로 들어가야 한다. 이 원리를 반대로 생각하면 비둘기 집이 9개가 있고, 어느 집에 반드시 2마리 이상의 비둘기가 있으면 비둘기가 10마리 이상이라고 추론할 수 있다.

비둘기집 원리는 실제로 일상생활에서도 찾아볼 수 있다.

의사소통 3권 3과 '-으려면'

> 어떤 내용이 더 있으면 좋을까?

정교화하기

비둘기집 원리에는 어떤 수학적 원리가 있을까?
내용을 더 추가해야겠다.

자세한 설명 추가

비둘기집 원리는 아직 확률을 배우지 않았거나 단순하게 경우의 수를
알고 싶을 때 유용하게 사용할 수 있다.

그림 및 사진 추가

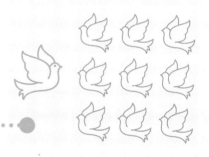

관련된 사진이나 그림을 넣으면 비둘기집 원리를
더 잘 전달할 수 있을 것 같아. 비둘기집 원리를
쉽게 보여 주는 그림을 찾아보자.

비둘기집 원리를 볼 수 있는
일상생활의 예를 추가하면
이해하기 더 쉬울 것 같아!

실제 예시 추가

예를 들어 한 반에 여학생이 13명, 남학생이 15명 있을 때 여학생과 남학
생이 짝이 되어 앉으면 남학생 중 누군가는 반드시 남학생과 앉아야 한다.

정교화하기 방법을 통해 조금 더 자세하게 설명하고,
그림을 넣고, 실제 예를 추가하니까 수정하기 전에 비
해서 확실히 완성도가 높아진 것 같아.

학습하기 2 다지기

어휘 확인하기

▨ 〈보기〉에서 알맞은 말을 골라 문장을 완성하세요.

〈보기〉

| 예시 | 원리 | 확률 | 대표적 | 완성도 |

(1) 명동은 서울의 (   )인 관광지이다.

(2) 김 작가의 그림은 (   )이/가 뛰어나다.

(3) 과학 시간에 새가 하늘을 나는 (   )에 대해 배웠다.

(4) 이번 경기에서 우리 반이 이길 (   )이/가 매우 높다.

(5) 적절한 (   )은/는 설명을 이해할 때 큰 도움이 된다.

내용 확인하기

▨ 학습하기 2의 내용과 같으면 O, 다르면 X 하세요.

(1) '비둘기집 원리'는 일상생활에서도 활용된다.   (   )

(2) '비둘기집 원리'는 경우의 수를 따질 때 사용할 수 있다.   (   )

(3) '비둘기집 원리'는 비둘기 수와 집의 수가 동일할 때 적용된다. (   )

기능 확인하기

보고서에서 부족한 부분을 확인해 내용을 구체화하고 상세화하는 것이 좋습니다. 이런 것이 바로 정교화하기입니다. 세부 사항, 자세한 설명, 실제 예, 관련 내용 등을 추가함으로써 정교화할 수 있습니다. 그렇게 하면 보고서의 내용이 더 풍부해질 뿐만 아니라 완성도도 높일 수 있습니다.

■ 다음 밑줄을 친 부분은 어떻게 정교화한 것입니까? 알맞은 것을 고르세요.

우리가 일상생활에서 쓰는 단순한 원리들 중에 수학적인 문제를 풀 때 쓰는 원리가 있다. 그중에 대표적인 것이 '비둘기집 원리'이다. 비둘기집 원리는 아직 확률을 배우지 않았거나 단순하게 경우의 수를 알고 싶을 때 유용하게 사용할 수 있다.

① 예시 추가   ② 요약한 내용 추가
③ 자세한 설명 추가   ④ 관련된 그림이나 사진 추가

활동하기

■ 수학적 원리를 소개한 글의 한 부분입니다. 정교화하기의 방법으로 내용을 더해 보세요.

우리는 생활 속에서 그래프를 자주 접하게 된다. 그래프는 숫자 자료를 점, 선, 그림 등을 사용하여 나타낸 것이다. 예를 들면 일기 예보에서 기온이나 비의 양 등 다양한 날씨 정보가 그래프로 우리에게 전달된다. 또 _____

_____

_____

지식 더하기

국어

수집 취미나 연구를 위해서 물건이나 자료 등을 찾아서 모음.
#collection #собирание #цуглуулга #收集 #동영상

매체 어떤 사실을 널리 전달하는 물체나 수단.
#medium #средство #дамжуулагч #媒体 #동영상

인쇄 글자나 글, 그림 등을 종이나 천 등에 기계로 찍어 냄.
#printing #печатание #хэвлэл #印刷 #동영상

수학

확률 일정한 조건 아래에서 어떤 일이 일어날 수 있는 가능성의 정도. 또는
그 정도를 계산한 수치.
#probability #вероятность #боломж #確率 #동영상

역 반대 또는 거꾸로인 것.
#opposite #обратный #эсрэг #逆

사회

양적 세거나 잴 수 있는 것과 관계된 것.
#being quantitative #количественный #тооны #量的 #동영상

지위 사회적 신분에 따른 계급이나 위치.
#status #должность #зэрэг дэв #地位 #동영상

분석 더 잘 이해하기 위해서 어떤 현상이나 사물을 여러 요소나 성질로 나눔.
#analysis #анализ #анализ #分析

과학

군집 사람이나 건물 등이 한곳에 모여 있는 것.
#crowding #толпа #нягтрал #群集

분배 몫에 따라 나눔.
#allocation #распределение #хуваарилалт #分配 #동영상

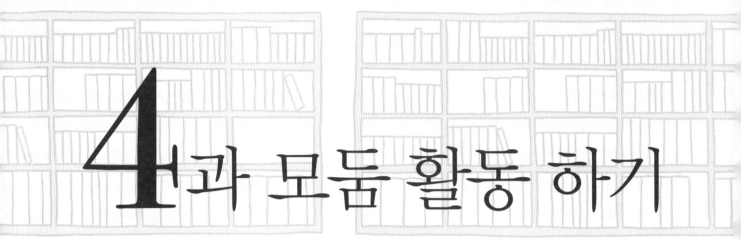

4과 모둠 활동 하기

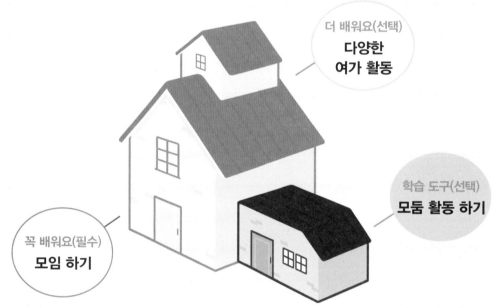

더 배워요(선택)
**다양한
여가 활동**

학습 도구(선택)
모둠 활동 하기

꼭 배워요(필수)
모임 하기

학습 목표

모둠 활동의 진행 과정을 안다.

정보를 수집하고 수집한 정보를 공유할 수 있다.

토의에 대해 알고 토의를 통해 자신의 의견을 전달할 수 있다.

주제 확인하기

학습하기 1 정보 수집하기 및 공유하기(청소년 노동)

학습하기 2 토의하기(놀이 기구 속 과학 원리)

모둠 활동 하기

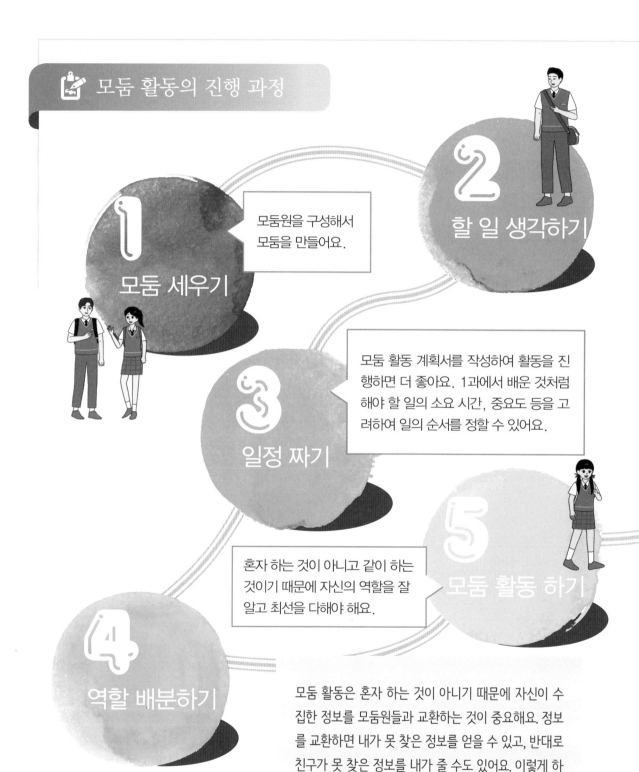

1 모둠 세우기

모둠원을 구성해서 모둠을 만들어요.

2 할 일 생각하기

3 일정 짜기

모둠 활동 계획서를 작성하여 활동을 진행하면 더 좋아요. 1과에서 배운 것처럼 해야 할 일의 소요 시간, 중요도 등을 고려하여 일의 순서를 정할 수 있어요.

혼자 하는 것이 아니고 같이 하는 것이기 때문에 자신의 역할을 잘 알고 최선을 다해야 해요.

5 모둠 활동 하기

4 역할 배분하기

모둠 활동은 혼자 하는 것이 아니기 때문에 자신이 수집한 정보를 모둠원들과 교환하는 것이 중요해요. 정보를 교환하면 내가 못 찾은 정보를 얻을 수 있고, 반대로 친구가 못 찾은 정보를 내가 줄 수도 있어요. 이렇게 하면서 목표를 달성하는 시간도 줄일 수 있어요.

학교에는 학습 모임이나 또래 모임과 같이 다양한 모둠의 활동이 있어요. 모둠 활동을 하면 서로의 생각과 정보를 공유할 수 있어요. 이렇게 하면 혼자 할 때보다 더 좋은 결과를 얻을 수 있어요.

모둠 활동이 목표를 향해 잘 가고 있는지 돌아보고 부족한 내용을 찾아야 해요.

6

중간 점검 하기

7

역할 재분배 및 일정 조율하기

여러 사람이 의견을 나누고, 그 의견들에 대해 토의해 가면서 가장 좋은 해결 방법을 찾을 수 있어요.

8

모둠 활동 하기

모둠 활동을 하면서 겪은 자신의 변화를 써 보세요. 다음에 모둠 활동을 더 잘할 수 있어요.

9

자기 평가 및 모둠 평가

학습하기 1

정보 수집하기 및 공유하기는 필요한 자료를 찾아서 모으고, 모은 자료를 다른 사람들과 함께 나누어 가지는 것을 말한다.

'청소년 노동'이라는 주제로 발표해야 하는 숙제가 있다. 나나네 모둠은 '청소년 아르바이트의 현황 및 문제'에 대해 발표하려고 한다. 각자 자료를 수집하고 수집한 자료를 공유하고 있다.

■ 목적에 맞는 자료를 찾아야 한다.

■ 자료의 유형
- 문헌 조사 자료: 책, 백과사전, 신문, 보고서 등에서 수집한 자료
- 설문 조사 자료: 여러 사람들을 대상으로 전화나 설문지로 특정 주제에 관해 조사한 자료
- 현지 조사 자료: 현장을 방문하여 수집한 기록, 사진, 영상 등의 자료
- 인터뷰 자료: 전문가 등 특정 대상을 만나 의견을 들은 자료

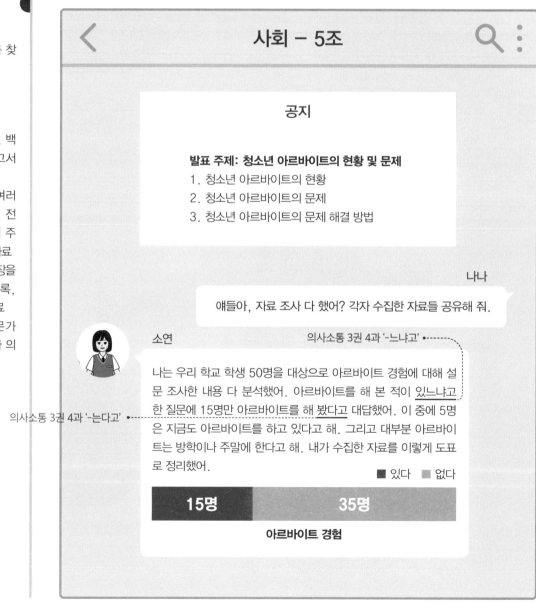

사회 – 5조

공지

발표 주제: 청소년 아르바이트의 현황 및 문제
1. 청소년 아르바이트의 현황
2. 청소년 아르바이트의 문제
3. 청소년 아르바이트의 문제 해결 방법

나나

얘들아, 자료 조사 다 했어? 각자 수집한 자료들 공유해 줘.

소연   의사소통 3권 4과 '-느냐고'

나는 우리 학교 학생 50명을 대상으로 아르바이트 경험에 대해 설문 조사한 내용 다 분석했어. 아르바이트를 해 본 적이 있느냐고 한 질문에 15명만 아르바이트를 해 봤다고 대답했어. 이 중에 5명은 지금도 아르바이트를 하고 있다고 해. 그리고 대부분 아르바이트는 방학이나 주말에 한다고 해. 내가 수집한 자료를 이렇게 도표로 정리했어.

의사소통 3권 4과 '-는다고'

■ 있다   ■ 없다

| 15명 | 35명 |

아르바이트 경험

정보 수집하기 및
공유하기

세인

나는 청소년 아르바이트의 문제에 관한
기사를 찾았어. 한번 봐.

http://www.hanguksinmoon.
co.kr/newsView/529715

일 더 하고 돈은 못 받고……
10대의 아르바이트

수호

이거 좋다. 내가 준비한 자료와 함께 정리하면 정말 좋을 것 같아.
나는 아르바이트하는 친구들을 직접 인터뷰해서 문제점을 조사했
어. 연장 근무를 하면 시급보다 돈을 더 줘야 하는데 시급과 똑같
이 받은 친구도 있었고, 4시간 이상 일하면 휴식 시간 30분을 제
공해야 하는데 일하면서 쉰 적이 없는 친구도 있었어.

김민석/커피숍 아르바이트
연장 근무를 하면 시급보다 돈을 더 줘야
하는데 시급이랑 똑같이 받았어요.

나나

고생했겠다! 우리 주변에 있는 친구들이 직접 아르바이트를 하면
서 경험한 것을 제시하면 친구들이 청소년 아르바이트 문제가 남
의 일이 아니라고 느끼게 될 거야.

유미

나는 청소년 아르바이트 문제의 해결 방법에 대해 조사했는데 국가
나 사장이 해야 할 일이 대부분이었어. 해결 방법 대신에 '청소년이
알아야 할 노동법'을 찾았는데 이 자료를 이용해 청소년들이 아르
바이트를 하기 전에 꼭 알아야 할 사항들을 정리하는 것이 어떨까?

나나

좋은 생각이다. 유미의 말대로 3번 문제 해결 방안을 '청소년이 아
르바이트할 때 알아야 할 사항'으로 수정하는 것이 친구들에게 더
도움이 될 것 같아. 모은 자료를 나한테 보내 주면 내가 발표 자료
를 만들게. 다들 수고 많았어!

■정보 공유하기
－수집한 정보를 공유하
기 전에 정보의 사실성
과 가치에 대해 스스로
먼저 판단한다.
－사실이고 공유할 가치
가 있는 중요한 정보 중
심으로 공유한다.
－모둠원이 공유해 준 것
에 대해 고마워하는 마
음을 가진다.

학습하기 1 다지기

어휘 확인하기

▨ 〈보기〉에서 알맞은 말을 골라 문장을 완성하세요.

> **〈보기〉**
>
> 공유　　　　대상　　　　설문　　　　해결　　　　현황

(1) 동화책은 어린 독자들을 (　　　　)으로/로 한다.

(2) 각자 알고 있는 정보를 (　　　　)하기 위해 모였다.

(3) 나나의 어두운 표정을 보니 아직도 고민이 (　　　　)되지 않은 것 같다.

(4) 학생들에게 수업에 대한 의견을 묻는 (　　　　)에 참여해 줄 것을 부탁했다.

(5) 이번에 입학한 신입생들의 (　　　　)을/를 살펴보니 남학생보다 여학생이 많았다.

내용 확인하기

▨ 학습하기 1의 내용과 같은 것을 고르세요.

① 수호는 아르바이트하는 청소년의 인터뷰를 찾았다.

② 나나는 친구들의 수집한 자료로 발표 자료를 만들 것이다.

③ 소연이 설문 조사한 결과, 아르바이트를 해 본 사람은 35명이다.

④ 세인은 청소년 아르바이트 문제의 해결 방법에 대한 기사를 찾았다.

기능 확인하기

모둠 활동에서는 정보를 수집하고 찾은 정보를 모둠원들과 공유하는 것이 중요합니다. 정보를 수집할 때는 목적에 맞는 자료를 찾아야 합니다. 자료는 종류에 따라 문헌 조사 자료, 설문 조사 자료, 현지 조사 자료, 인터뷰 자료가 있습니다. 수집한 자료를 공유하기 전에 찾은 정보가 사실인지, 가치가 있는지를 판단해야 합니다. 사실이고 공유할 가치가 있는 자료를 중심으로 공유하고 모둠원이 공유해 준 것에 대해 고마워하는 마음을 가집니다.

▨ 다음 중 정보 수집하기 및 공유하기에 대한 설명으로 알맞지 <u>않은</u> 것을 고르세요.

① 정보를 수집할 때는 목적에 맞는 자료를 찾는 것이 중요하다.

② 정보를 공유하기 전에는 수집한 정보가 맞는 것인지 판단해야 한다.

③ 정보를 공유할 때는 전문가를 인터뷰한 자료를 먼저 공유하는 것이 좋다.

④ 자료의 유형에는 문헌 조사 자료, 설문 조사 자료, 현지 조사 자료, 인터뷰 자료가 있다.

활동하기

▨ '생활 속 과학 원리'에 대한 정보를 수집하고 친구와 찾은 정보를 서로 공유해 보세요.

〈보기〉 킥보드가 앞으로 나가는 것은 땅을 발로 밀면 땅도 발을 밀기 때문이다. 작용과 반작용의 법칙은 모든 작용에는 크기가 같고 방향이 반대인 반작용이 항상 있다는 법칙을 말한다. 두 물체가 서로에게 영향을 주는 힘은 크기가 같고 방향은 반대이다.

〈내가 찾은 정보〉

〈친구가 찾은 정보〉

학습하기 2

■ 모둠 활동 하기에서 토의하기에 대해 알아봅시다.

토의하기란 공통의 관심사가 되는 어떤 문제에 대하여 가장 바람직한 해결 방안을 찾기 위해 집단 구성원이 의견을 나누는 과정을 말한다.

생활에서 사용되는 과학 원리에 대한 보고서를 써야 한다. 세인이네 모둠은 놀이 기구에 있는 과학 원리를 소개하려고 한다. 어떤 놀이 기구에 있는 과학 원리를 소개하면 좋을지 토의하고 있다.

1 토의 주제 소개하기

• 의사소통 3권 4과 '-는다고'

세인

놀이 기구에도 다양한 과학 원리가 있다고 해. 놀이 기구를 가지고 과학 원리를 설명하면 쉽고 재미있게 과학 원리를 이해할 수 있을 거야. 어떤 놀이 기구에 있는 과학 원리를 소개하는 것이 좋을까? 함께 토의해 보자.

2 의견 교환하기

소연

'롤러코스터'에 숨어 있는 과학 원리를 소개하자. 롤러코스터에서 기계가 하는 일은 열차를 가장 높은 곳에 올려놓는 것뿐이라고 해. 그다음부터는 '에너지 보존의 법칙' 때문에 아무것도 안 해도 중력에 의해 스스로 아래로 떨어진다고 해. 열차가 높은 곳에 있으면 위치 에너지가 커지고, 열차가 아래로 내려오면 위치 에너지는 감소하고 운동 에너지가 커지면서 속도가 빨라지는 것이지.

수호

나는 '범퍼카'가 좋을 것 같아. 범퍼카에는 '작용과 반작용의 법칙'이 숨어 있어. 작용과 반작용의 법칙은 A가 B에게 힘을 주면 B 역시 A에게 똑같은 힘을 반대 방향으로 준다는 원리야. 범퍼카가 서로 부딪칠 때 하나의 범퍼카만 뒤로 가는 것이 아니라 두 범퍼카 모두 뒤로 이동하는 이유가 바로 이것이지.

■ 토의하기
- 토의의 주제는 관심을 가지고 공감할 수 있는 문제여야 하며, 여러 가지 의견이 나올 수 있어야 한다.
- 많은 사람의 다양한 의견을 알 수 있다.
- 소수의 좋은 의견도 충분히 살펴볼 수 있다.
- 여러 사람이 의논하여 가장 좋은 해결 방법을 찾을 수 있다.
- 하나의 의견으로 결정하기 힘들 때에는 다수결의 방법을 사용할 수 있다.

■ 토의할 때 태도
① 자신의 의견과 주장을 분명하게 제시한다.
② 토의 주제에서 벗어나는 말을 하지 않는다.
③ 다른 사람의 의견을 존중하며 서로 돕는 태도를 가진다.
④ 토의를 통해 결정된 해결책을 받아들이는 태도를 가진다.

나는 롤러코스터가 좋을 것 같아. 롤러코스터에는 다른 과학 원리도 있어. 나는 롤러코스터를 보면서 왜 아래로 떨어지지 않는지 항상 궁금했어. 그 이유는 중력보다 원심력이 더 크게 작용하기 때문이야.

민우

나나

롤러코스터 하나에 그렇게 여러 가지 과학 원리가 들어 있구나. 그런데 나는 범퍼카가 좋은 것 같아. 롤러코스터는 무서워서 못 타는 사람도 있지만 범퍼카는 아이도 탈 수 있잖아. 우리가 직접 범퍼카를 타면서 작용과 반작용을 느껴 볼 수도 있을 거야. 아니면 '손바닥 치기' 활동으로도 작용과 반작용을 느낄 수 있으니까 교실에서도 쉽게 해 볼 수 있어.

의사소통 3권 3과 '-잖아(요)'

 의견 종합하기

의견을 낸 사람	놀이 기구	이유
소연의 의견	롤러코스터	'에너지 보존의 법칙'을 설명할 수 있음.
수호의 의견	범퍼카	'작용과 반작용의 법칙'을 설명할 수 있음.
민우의 의견	롤러코스터	'에너지 보존의 법칙'뿐만 아니라 '원심력'도 설명할 수 있음.
나나의 의견	범퍼카	누구나 쉽게 타 볼 수 있어 '작용과 반작용의 법칙'을 설명하기 좋음. '손바닥 치기' 활동으로 '작용과 반작용의 법칙'을 교실에서도 쉽게 체험해 볼 수 있음.

 해결 방안 선택하기

과학 원리를 말로만 설명하는 것보다 직접 그 원리를 느껴 보는 것이 더 쉽게 이해되고 기억에도 오래 남을 거야. 범퍼카에 있는 과학 원리는 교실 안에서 직접 체험해 볼 수 있으니 범퍼카의 과학 원리에 대해 소개하는 게 어때? 다들 어떻게 생각해?

학습하기 2 다지기

어휘 확인하기

▨ 〈보기〉에서 알맞은 말을 골라 문장을 완성하세요.

〈보기〉

| 감소 | 보존 | 작용 | 종합 | 토의 |

(1) 알코올은 세균을 죽이는 (   )을/를 한다.

(2) 범죄 발생률이 작년에 비해 5 퍼센트 (   )했다.

(3) 반 친구들과 선생님의 의견을 (   )하여 반장을 정한다.

(4) 이 건물은 백 년이 지난 지금까지도 (   )이/가 잘 되어 있다.

(5) 이 문제는 다음 회의 시간에 (   )을/를 통해 해결 방법을 찾기로 했다.

내용 확인하기

▨ 학습하기 2의 내용과 같은 것을 고르세요.

① 손바닥 치기 활동으로 원심력을 느낄 수 있다.

② 롤러코스터로 두 가지 과학 원리를 설명할 수 있다.

③ 범퍼카는 에너지 보존의 법칙 때문에 스스로 움직인다.

④ 모든 놀이 기구는 작용과 반작용 법칙의 영향을 받는다.

기능 확인하기

> 모둠 활동을 할 때 문제가 있으면 토의하기를 통해 가장 좋은 해결 방법을 찾을 수 있습니다. 토의하기는 주제 정하기, 문제점 이해하기, 의견 교환하기, 의견 종합하기, 해결 방안 선택하기의 순서로 진행됩니다. 토의를 하면 많은 사람들의 다양한 의견을 알 수 있고 소수의 좋은 의견도 충분히 살펴볼 수 있습니다. 토의할 때는 자신의 의견과 주장을 분명하게 제시하고 토의 주제에서 벗어나는 말을 하면 안 됩니다. 그리고 다른 사람의 의견을 존중하며 서로 돕는 태도를 가져야 합니다. 토의를 통해 결정된 해결책을 받아들이는 태도도 필요합니다.

■ 다음 중 토의하기에 대한 설명으로 알맞지 <u>않은</u> 것을 고르세요.

① 토의는 주제에 대해 의견을 교환하는 것으로 마무리된다.

② 토의는 서로를 존중하는 분위기 속에서 이루어져야 한다.

③ 토의로 결정된 사항들을 받아들이기 위해 노력해야 한다.

④ 토의를 하면 많은 사람들의 다양한 의견을 들어 볼 수 있다.

활동하기

■ 휴대 전화에 있는 다양한 기능을 사용하면서 삶이 편리해졌지만 부정적인 영향도 있습니다. 휴대 전화 사용의 문제점을 해결할 수 있는 방법에 대해 친구들과 토의해 보세요.

휴대 전화 사용의 문제점

① 오랜 시간 사용하면 중독이 될 수도 있다.
② 밤늦게까지 사용하면 수면에 방해가 된다.
③ 길을 걸을 때 사용하면 사고가 날 수 있다.

해결 방법

- -

- -

- -

- -

- -

지식 더하기

해결 사건이나 문제, 일 등을 잘 처리해 끝을 냄.
#solution #решение #шийдвэр #解決

인과 원인과 결과.
#cause and effect #причина и результат #учир шалтгаан ур дагавар #因果

면접 주로 필기 시험 이후에 실시하며 직접 지원자를 만나서 됨됨이나 말과 행동 등을 평가하는 시험.
#interview #встреча #аман шалгалт #面接 #동영상

수열 일정한 규칙에 따라 한 줄로 늘어놓은 수의 열.
#numerical progression #прогрессия #прогресс #数列 #동영상

조합 수학에서 여러 개 가운데 몇 개를 순서에 관계없이 한 쌍으로 뽑아 모음. 또는 그 짝.
#combination #комбинаторика #хос #組み合わせ #동영상

기업 이윤을 얻기 위해 생산, 판매, 유통 등의 경제 활동을 하는 조직체.
#company #предприятие #компани #企業 #동영상

구인 일할 사람을 구함.
#recruiting #предложение работы #ажилд орох хун хайх #求人

노동 사람이 필요한 음식이나 물자를 얻기 위하여 육체적으로나 정신적으로
하는 일.
#labor #труд #ажил #労働 #동영상

과학

운동량 물리에서 운동하는 물체의 질량과 속도를 곱한 양.
#quantity of motion #движущая сила #импульс #運動量 #동영상

질량 물체의 고유한 양.
#mass #Macca #масс #質量 #동영상

5과 책 읽기

더 배워요(선택)
독서 활동

학습 도구(선택)
책 읽기

꼭 배워요(필수)
독서하기

학습 목표	책 읽기의 과정과 방법에 대해 안다.
	글의 주제를 확인할 수 있다.
	추론하며 읽을 수 있다.

| 주제 확인하기 | **학습하기 1** 주제 찾기(책 읽기의 가치) |
| | **학습하기 2** 추론하기(진짜 엄마 찾기) |

책 읽기

 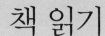

책을 읽는 과정과 방법

책 읽기 전

◆ 읽는 목적 확인하기
◆ 책의 제목, 차례, 그림 등을 보고 글의 내용 예상해 보기
◆ 자신의 경험과 배경지식 활성화하기
◆ 글의 내용에 관한 질문 만들기

책의 제목이나 그림 등을 보면서 질문을 만들 수 있다.

책 읽는 중

◆ 궁금하거나 중요한 내용에 표시하며 읽기
◆ 읽기 전에 예측한 내용과 글의 내용을 비교하며 읽기
◆ 읽기 전에 만든 질문의 답을 찾으며 읽기
◆ 등장인물의 생각과 자기 생각을 비교하며 읽기
◆ 글쓴이의 의도를 추론하며 읽기

이해하기 어려운 단어나 내용이 나오면 사전이나 다양한 자료를 활용하여 문제를 해결할 수 있다.

글쓴이가 이 글을 쓴 이유, 글쓴이가 하고 싶은 이야기 등이 무엇인지 추론할 수 있다.

책을 많이 읽는 것도 중요하지만 책을 잘 읽는 것도 중요해요.
그럼 지금부터 책을 읽는 과정과 방법에 대해 알아볼까요?

책 읽은 후

◆ 내용을 요약하고 주제 찾기
◆ 추가로 알고 싶은 내용 정리하여 자료 찾기
◆ 글에 대한 자신의 평가를 주변 친구들의 평가와
  비교하기
◆ 새로 알게 된 내용이나 깨달은 점을 글로 정리하기
◆ 내 삶에 적용해 보기

책을 읽고 내용을 요약하며 주제를 찾
는 활동을 통해 글쓴이가 하려고 하는
말을 더 잘 이해할 수 있다.

책을 다 읽은 다음에 읽은 내용을 독서 감상문이
나 요약문으로 정리할 수 있다. 이때 새로 알게
된 내용이나 깨달은 점도 정리할 수 있다.

책을 읽으면서 얻은 교훈을 자신의 삶
에 적용하거나 사회에 적용할 수 있는
방법에 대해 고민할 수 있다.

독서의 효과

– 학습하는 능력과 생각하는 능력을
  키울 수 있다.
– 글을 읽고 쓸 수 있는 능력을 키울
  수 있다.
– 지식과 교양을 쌓을 수 있다.

좋은 책을 고르는 방법

– 오랜 시간 동안 많은 사람들이 읽
  은 책을 고른다.
– 상상력을 자극하고 궁금증을 유발
  하는 주제의 책을 고른다.
– 어려운 어휘가 지나치게 많거나 지
  금의 지식 수준으로 이해하기 어려
  운 내용의 책은 고르지 않는다.

학습하기 1

책 읽기에서 주제 찾기에 대해 알아봅시다.

주제 찾기란 글의 내용과 현상과의 관계를 앎으로써 글 쓴 사람이 표현하려고 하는 주된 생각을 찾는 것을 말한다.

유미가 책을 읽고 독서 일기를 쓴다. 독서 일기를 쓰기 위해 먼저 글의 주제를 찾고, 주제문을 작성하려고 한다. 글을 읽어 가면서 각 문단의 중심 내용을 찾고, 그 중심 내용들 사이의 관계를 파악하여 글의 주제를 찾으려고 한다.

독서는 책에 쓰인 글을 읽는 행위를 말한다. 책은 많은 지식을 담고 있으며 문명과 문화가 생겨나는 데 큰 역할을 해 왔다. 따라서 우리는 책이 사람에게 어떤 의미가 있는지 고려하면서 독서가 가지는 가치에 대해 생각해 볼 필요가 있다.

첫째, 독서는 글이 가지는 의미에 대해 이해하는 행위이다. 독자는 자신이 가진 배경지식을 활용하여 글이 포함하고 있는 의미를 자기 나름대로 이해한다. 사람마다 가지고 있는 배경지식이 다르기 때문에 글의 의미 역시 사람마다 다르게 이해할 수 있다.

둘째, 독서는 사회적 소통 행위이다. 책을 통해 우리는 서로 다른 시대, 다른 지역, 다른 집단에 있는 사람들의 이야기를 만날 수 있다. 이를 통해 독자는 개인과 개인을 넘어서 다양한 사람들과 소통을 하게 되는 것이다.

마지막으로 독서는 새로운 지식을 만드는 행위이다. 새로운 지식은 이미 있는 지식으로부터 만들어진다. 독자는 독서를 통해 사람들이 오랜 시간 동안 책 속에 쌓아 놓은 지식을 얻을 수 있다. 그리고 이미 있는 지식에 대해 연구하고 분석하고 비판하는 과정을 통해 새로운 지식을 만들어 낸다.

독서는 단순히 글에 있는 내용을 받아들이는 것이 아니다. 자신이 가진 배경지식을 활용하여 글이 가지는 의미를 이해하고, 책을 통해 다양한 사람들과 소통하고, 새로운 지식을 만드는 능동적 행위이다.

글의 목적 찾기

 주제 찾기

□ (설명문) 지식이나 정보를 사실대로 전달하기 위한 글이다.

□ (논술문) 주장과 근거를 제시하여 독자를 설득하기 위한 글이다.

□ (문학 작품) 독자를 감동시키기 위한 글이다.

이 글을 쓴 목적이 무엇일까?

책을 읽는 행위가 무엇인지 알려 주고 있으니까 '설명문'이겠구나.

■ 글을 구성하고 있는 문단들은 모두 주제를 돕기 위해 쓴 것이다. 그러므로 각 문단의 중심 내용을 연결하여 요약하면 주제를 찾을 수 있다.

 각 문단의 중심 내용 찾기

글의 문단들은 글의 주제와 관련된 내용들이니까, 이 글의 주제를 <u>찾기 위해서</u>는 먼저 각 문단의 중심 내용을 찾아야겠다.

의사소통 3권 1과 '-기 위해서'

첫 번째 문단에서는 책의 의미와 독서의 가치를 생각해야 <u>한다고</u> 말하고 있어.

두 번째 문단에서는 독서는 글의 의미를 이해하는 것이라고 말하고,
세 번째 문단에서는 독서는 사회적으로 소통하는 것이라고 말하고,
네 번째 문단에서는 독서는 새로운 지식을 만드는 것이라고 말하고 있어.

마지막 문단에서는 앞에서 말한 독서의 행위들을 정리하면서 독서가 능동적 행위라고 말하고 있어.

■ 중심 내용 찾기
– 문단은 중심 내용과 중심 내용을 돕는 내용으로 이루어져 있다.
– 각 문단의 중심 내용을 찾기 위해서는 중요한 단어나 표현을 찾아야 한다.
– 중심 내용은 세부 내용을 모두 포괄하는 내용이어야 한다.

의사소통 3권 4과 '-는다고'

 주제 찾기

각 문단의 중심 내용을 종합해서 요약하면 주제를 정리할 수 있어.
그럼 이 글은 독서는 능동적 행위라고 말하는 것이 주제네.

 **주제문 작성하기**

독서는 단순히 글에 있는 내용을 그대로 받아들이는 것이 아니라 자기 나름대로 이해하고, 책을 통해 소통하고, 새로운 지식을 만드는 능동적 행위이다.

학습하기 1 다지기

어휘 확인하기

▨ 〈보기〉에서 알맞은 말을 골라 문장을 완성하세요.

> 〈보기〉
>
> | 과정 | 비판 | 역할 | 연구 | 포함 |
> |---|---|---|---|---|

(1) 김 교수는 평생 동안 한국 역사를 (   )했다.

(2) 문화라는 말에는 여러 가지 의미가 (   )되어 있다.

(3) 그는 우리나라의 과학 발전에 중요한 (   )을/를 했다.

(4) 어머니는 항상 결과보다는 (   )을/를 중요하게 생각하셨다.

(5) 민우는 공공장소에서 담배를 피우는 사람들의 행동에 문제가 있다고 (   )했다.

내용 확인하기

▨ 학습하기 1의 내용과 같은 것을 고르세요.

① 독서는 책을 쓰는 행위를 말한다.

② 같은 책을 읽은 독자는 다 같은 의미로 받아들인다.

③ 책을 쓴 사람과 독자의 소통은 같은 시대에서만 이루어진다.

④ 독서를 통해 이미 있는 지식을 연구해서 새로운 지식을 만들 수 있다.

기능 확인하기

책을 읽을 때 글의 주제를 찾는 것이 중요합니다. 주제는 글쓴이가 말하려고 하는 것입니다. 각 문단의 중심 내용을 찾고, 그 내용을 요약하면서 글의 주제를 알 수 있습니다. 각 문단의 중심 내용을 찾을 때는 핵심이 되는 단어나 표현을 찾는 것이 중요합니다. 중심 내용은 세부 내용을 모두 포괄하는 내용이어야 합니다.

■ 다음 중 주제를 찾는 방법으로 알맞지 <u>않은</u> 것을 고르세요.

① 각 문단의 중심 내용을 찾는다.

② 각 문단의 중심 내용을 종합해서 요약한다.

③ 각 문단의 중심 내용을 찾을 때는 가장 많이 나오는 단어를 찾아야 한다.

④ 각 문단의 중심 내용은 세부 내용을 모두 포함할 수 있는 내용이어야 한다.

활동하기

■ 다음 글을 읽고 글의 주제로 가장 알맞은 것을 고르세요.

아이들에게 책을 읽게 하면 뇌 구조가 변한다는 연구 결과가 나왔다. 한 연구 팀은 글을 잘 읽지 못하는 10세 아이들 47명을 대상으로 뇌를 검사한 후 책을 많이 읽게 하면서 뇌의 변화를 비교했다. 처음 검사했을 때 이 아이들은 뇌의 왼쪽 부분 활동이 활발하지 않았다. 이후 아이들은 6개월 동안 책을 읽는 활동을 했다. 그리고 아이들의 뇌를 다시 검사한 결과 뇌의 왼쪽 부분이 전보다 활발해진 것을 확인했다. 이 연구를 통해 책을 읽는 활동이 뇌의 구조를 변화시키는 데 영향을 준다는 사실을 알 수 있었다.

① 책을 읽을 때 뇌의 왼쪽 부분의 역할이 중요하다.

② 독서를 통한 읽기 활동은 뇌의 구조를 변화시킬 수 있다.

③ 뇌의 구조와 뇌의 변화를 알기 위해서는 뇌 검사가 필요하다.

④ 글을 잘 읽지 못하는 아이들은 뇌의 왼쪽 부분이 활발하지 않다.

학습하기 2

책 읽기에서 추론하기에 대해 알아봅시다.

추론하기란 이미 알려진 정보를 근거로 하여 새로운 판단을 이끌어 내는 것을 말한다.

소연이가 책에서 재미있는 문제를 봤다. 책에 나온 '진짜 엄마 찾기' 문제를 친구들과 함께 풀어 보려고 한다.

■ 추론의 방법

1) 사례에 의한 추론
사례를 가지고 결론을 추론하는 것이다.

2) 원칙에 의한 추론
일반적인 원칙이나 지식을 가지고 결론을 추론하는 것이다.

3) 인과적 추론
주장과 근거 사이에 원인과 결과 관계가 있을 때 그 인과 관계를 가지고 추론하는 것이다.

4) 유추에 의한 추론
비슷한 두 가지 사례를 비교해서 하나가 맞으면 다른 하나도 맞는다고 생각해서 추론하는 것이다.

1
얘들아, 내가 책에서 재미있는 문제를 봤어. 이 두 사람 중에서 누가 아이의 진짜 엄마일까?
내 생각을 먼저 이야기할게. 나는 ❶번이 엄마 같아. 아이의 놀이에 방해가 되지 않게 다리를 접고 앉아 있잖아. 이 모습이 아이를 생각하는 엄마의 모습인 것 같아. 너희들은 어떻게 생각해? 누가 아이의 엄마인지 각자 추론하고 그 이유를 말해 줘.

소연

의사소통 3권 3과 '-잖아(요)'

2 나도 그렇게 생각해. ❷번은 벽에 기대서 편하게 앉아 있는 반면에 ❶번은 아이에게 무슨 일이 생기면 바로 움직일 수 있게 앉아 있어. ❶번이 아이를 보호하려는 엄마의 모습 같아.

민우

3 나는 ❷번이 진짜 엄마라고 생각해. 그렇게 생각하는 이유는 아이가 앉아 있는 방향 때문이야. 아이는 ❷번 여자를 바라볼 수 있는 방향으로 앉아서 놀고 있어. 아이는 자기 집처럼 편한 곳이 아니면 언제든지 엄마를 바라볼 수 있는 쪽으로 앉아서 놀겠지. 아이는 엄마의 얼굴을 보면 안정을 느낀다고 하잖아.

유미

의사소통 3권 3과 '-는다고'

추론하기

같은 그림을 보고도 이렇게 다양한 추론이 가능하구나. 너희가 말한 이유가 각각 다른데 모두 다 논리적인 것이 재미있다.

소연

그런데 ❷번은 귀걸이를 하고 있잖아. 우리 이모들을 보면 사촌 동생들이 귀걸이를 잡아당길 수 있기 때문에 긴 귀걸이를 안 해. 나는 귀걸이를 안 한 ❶번 같아.

수호

세인

나나

나는 안정을 느끼는 것을 다르게 생각했어. 사람들은 낯설거나 믿지 못하는 사람에게 등을 보이지 않는 심리가 있어. 아이도 낯선 사람을 조금 멀리하고 엄마 쪽에 더 가깝게 있으려고 하지 않을까? 그래서 나는 엄마와 더 가까운 ❶번이 진짜 엄마라고 생각해.

나는 머리 모양으로 구별해 봤어. ❶번은 머리를 풀고 있고 ❷번은 머리를 묶었어. 대부분 아이와 함께 있는 엄마들은 아이를 돌보기 좋게 머리를 묶고 있어. 그래서 나는 머리를 묶고 있는 ❷번이 엄마인 것 같아.

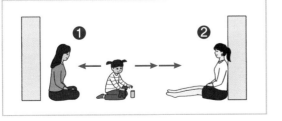

학습하기 2 다지기

어휘 확인하기

■ 〈보기〉에서 알맞은 말을 골라 문장을 완성하세요.

> 〈보기〉
>
> | 구별 | 보호 | 심리 | 원인 | 논리적 |

(1) 자연을 (　　　)하기 위해 일회용품의 사용을 줄이자.

(2) 그 소설은 인간의 (　　　)을/를 잘 표현했다는 평가를 받았다.

(3) 보석 가게 주인은 진짜 보석과 가짜 보석을 정확하게 (　　　)했다.

(4) 수호의 말은 (　　　)으로/로 아무 문제가 없었지만 실제로는 불가능한 일이었다.

(5) 지난밤에 일어난 교통사고의 (　　　)은/는 밤새 내린 눈으로 차가 미끄러졌기 때문이다.

내용 확인하기

■ 학습하기 2의 내용과 같은 것을 고르세요.

① 민우는 아이를 보호하려는 모습 때문에 ❷번이 엄마라고 추론했다.

② 유미는 아이가 엄마의 얼굴을 보면 안정을 느끼기 때문에 ❷번이 엄마라고 추론했다.

③ 세인은 아이가 믿지 못하는 사람에게 등을 보이기 때문에 ❶번이 엄마라고 추론했다.

④ 나나는 엄마들이 시간이 없어서 대부분 머리를 풀고 있기 때문에 ❶번이 엄마라고 추론했다.

기능 확인하기

추론하기는 이미 알려진 정보를 근거로 하여 새로운 판단을 이끌어 내는 것을 말합니다. 추론을 하는 방법에는 사례에 의한 추론, 원칙에 의한 추론, 인과적 추론, 유추에 의한 추론이 있습니다. 사례에 의한 추론은 비슷한 사례를 가지고 결론을 추론하는 것입니다. 원칙에 의한 추론은 일반적인 원칙이나 지식을 가지고 결론을 추론하는 것입니다. 인과적 추론은 주장과 근거 사이의 인과 관계가 있을 때 그 인과 관계를 가지고 추론하는 것입니다. 유추에 의한 추론은 비슷한 두 가지 사례를 비교해서 하나가 맞으면 다른 하나도 맞는다고 생각해서 추론하는 것입니다.

■ 다음은 어떤 추론 방법을 사용해서 추론한 것입니까? 알맞는 것을 고르세요.

우리 이모들을 보면 사촌 동생들이 귀걸이를 잡아당길 수 있기 때문에 긴 귀걸이를 안 해. 나는 귀걸이를 안 한 ❶번 같아.

① 인과적 추론　　　　② 원칙에 의한 추론

③ 사례에 의한 추론　　④ 유추에 의한 추론

활동하기

■ 다음 중 결혼한 사람은 누구일까요? 추론을 통해 결혼한 사람을 찾아 보세요.

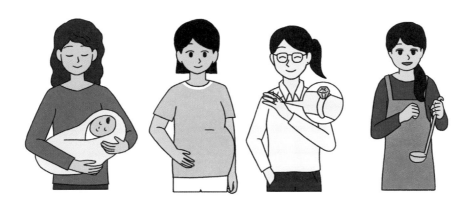

지식 더하기

국어

독해 글을 읽고 그 내용을 이해함.
#reading comprehension #чтение с разбором прочитанного #уншлага
#読解 #그림

맥락 서로 이어져 있는 관계나 관련된 흐름.
#context #контекст #уялдаа холбоо #脈絡

수용 어떤 것을 받아들임.
#acceptance #хүлээн авах #受容

수학

제곱 같은 수를 두 번 곱함. 또는 그렇게 해서 얻은 수.
#squaring #квадрат #квадрат #二乗 #동영상

무한대 끝이 없이 매우 넓거나 큼.
#infinity #бесконечность #хязгааргүй том #無限大 #그림

선사 문자로 된 기록이 없는, 역사 시대 이전의 옛 시대.
#prehistory #доистория #манай эринээс өмнөх үе #先史 #동영상

가치 의미나 중요성.
#value #ценность #үнэ цэнэ #価値

분석 더 잘 이해하기 위하여 어떤 현상이나 사물을 여러 요소나 성질로 나눔.
#analysis #анализ #анализ #分析 #동영상

디엔에이 모든 생물의 세포 속에 들어 있으며 유전 정보를 담고 있는 유전자의 본체.
#DNA #ДНК #хромсомын генетикийн мэдээлэл зөөгч
#ディー・エヌ・エー #동영상

유전자 생물체의 세포를 구성하고 유지하는 데 필요한 정보가 담겨 있으며 생식을
통해 자손에게 전해지는 요소.
#gene #гены #гени #遺伝子 #동영상

6과 필기하기

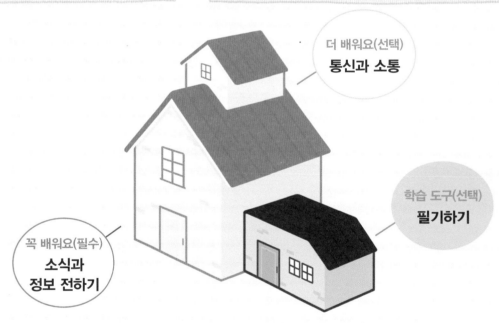

더 배워요(선택)
통신과 소통

학습 도구(선택)
필기하기

꼭 배워요(필수)
**소식과
정보 전하기**

학습 목표	수업을 들으면서 필기하는 방법에 대해 안다.
	필기할 때 메모하기를 활용할 수 있다.
	핵심 개념을 중심으로 정보를 분류할 수 있다.

주제 확인하기	**학습하기 1** 메모하기(정보화 사회)
	학습하기 2 분류하기(물질의 상태 변화)

필기하기

 필기란

1 필기의 의미

수업을 들으면서 또는 수업을 들은 후에 배운 내용을 적는 것을 필기라고 해요.

2 필기의 중요성

1 수업 내용을 모두 기억할 수는 없다. 그래서 기록으로 남겨 두어야 한다.
2 필기를 하면 수업 내용에 더 집중할 수 있다.
3 잘 필기하여 정리한 노트는 복습할 때나 시험 준비할 때 도움이 된다.

3 필기 방법

1 필기는 교과서에 직접 할 수도 있고, 공책에 따로 해도 된다.
2 공책에 따로 필기할 때 코넬식 노트 필기법을 활용할 수 있다.

알게 된 정보나 내용 중 필요한 것을 잘 기록해 두면 좋아요. 공부할 때에도 중요한 내용을 중심으로 잘 필기해 두면 좋아요.

 필기 방법의 예시: 코넬식 노트 필기 방법

제목 영역

단원명이나 수업의 주제를 적는다.

핵심 개념 영역

핵심 개념을 쓴다.
- 핵심 단어로 표현한다.
- 핵심 단어를 질문으로 표현한다.

노트 정리 영역

수업을 들으면서 수업 내용을 메모한다.
- 모든 내용을 적을 필요는 없고, 중요한 내용을 구분하고 분류해서 적는다.
- 나중에 내용을 보충할 수 있도록 공간을 확보하면서 핵심 내용을 기록한다.

요약정리 영역

중요한 내용을 요약한다.
- 한두 줄로 만든다.
- 정리한 내용으로 질문을 만들 수도 있다.

학습하기 1

필기하기에서 메모하기에 대해 알아봅시다.

메모하기란 어떤 내용을 잊어버리지 않기 위해 중요한 점을 간단하고 짧게 적어 두는 것을 말한다.

나나가 사회 수업을 들으면서 선생님께서 하시는 말씀과 자신이 정리한 내용을 메모하고 있다.

메모하면서 수업을 들으면 더 효과적으로 이해할 수 있어. 내가 정리한 내용은 파란색으로 쓰고 선생님께서 하신 말씀은 주황색으로 써야겠다.

정보화: 지식과 정보가 가장 중요한 사회
정보가 중요한 사회가 되면서 우리의 삶이 변하게 됨. 일상 생활에서 쉽게 정보를 활용하게 됨

통신 기계 이용 → 많은 정보 활용 가능
인터넷 → 가상 공간 형성, 공간 이용 방식 변화

정보화에 따른 생활 공간과 생활 양식의 변화

　정보화란 한 사회에서 지식과 정보가 가장 중요한 것이 되어 사회의 여러 부분에서 큰 변화가 나타나는 것을 의미한다. 정보화가 이루어짐에 따라 정보 통신 기계를 이용해 많은 정보를 활용하게 되고, 인터넷으로 가상 공간이 형성되면서 인간의 공간 이용 방식과 생활 양식에 다양한 변화가 나타났다.

정보 통신 기술 발달에 따른 공간 이용 방식과 생활 양식의 변화

　공간 정보 기술 활용: 위성 위치 확인 시스템(GPS)을 통해 공간 정보를 편리하게 이용하고, 내비게이션 등을 활용하여 가장 빨리 가는 길을 찾을 수 있다.

[버스 도착 정보 안내 애플리케이션]

어휘와 문법

공간	양식	변화	통신	가상	형성되다	방식	기술
발달	핵심	기호	증가하다	소비	확대되다	이란	

메모하기

메모하기

- 들으면서 중요하다고 생각하는 내용(핵심)이나 교과서에 없는 설명을 적는다.
- 내가 잘 아는 내용이라면 중요한 단어만 적는다.
- 내용을 모두 적다가 중요한 내용을 못 쓸 수도 있으니까 간단하게 적는 것이 좋다.
- 알아볼 수 있게 적어야 한다.
- 그림을 활용하거나 동그라미, 가새표(가위표), 별표, 화살표 등 간단한 기호로 중요한 것을 표시할 수 있다.

거대 자료(big-data) 활용: 인터넷 검색 기록, 위치 정보 등 다양한 기록이 저장된 많은 자료를 국가나 기업이 무엇을 결정할 때 활용한다.

-공간 이용 방식: GPS, 내비게이션 등
-경제생활: 직업 변화, 재택근무 가능, 인터넷 쇼핑
-사회생활: 정보 교환, 가상 공간에서의 인간관계 증가, 유비쿼터스

가상 공간 활용에 따른 생활 공간과 생활 양식의 변화

경제생활: 지식 정보 산업과 관련된 직업이 증가했고 집에서 일하는 것이 가능해졌다. 그리고 인터넷 쇼핑과 같이 가상 공간을 활용한 소비 방식이 나타났다.

사회생활: 쌍방향 통신의 이용으로 정보 교환이 쉬워졌다. 그리고 가상 공간에서의 인간관계 활동이 증가했다. 유비쿼터스로 온라인 교육 및 진료 교육 서비스 등이 확대되고 있다.

언제 어디서나 편리하게 컴퓨터를 활용할 수 있도록 현실 세계와 가상 세계를 연결시킨 것

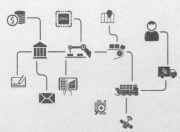

학습하기 1 다지기

어휘 확인하기

■ 〈보기〉에서 알맞은 말을 골라 문장을 완성하세요.

> 〈보기〉
>
> 방식   증가   통신   핵심   확대

(1) 돋보기로 작은 물건을 (   )하여 관찰할 수 있다.

(2) 선생님께서 수행 평가의 (   )을/를 설명해 주셨다.

(3) 그 잡지의 구독자 수가 매년 큰 폭으로 (   )하고 있다.

(4) 탐구 보고서의 중요한 (   )만을 간단히 정리하여 발표했다.

(5) 요즘은 (   ) 기술이 발달해서 외국에 있는 친구와도 쉽게 연락할 수 있다.

내용 확인하기

■ 학습하기 1의 내용과 같은 것을 고르세요.

① 정보화 사회는 돈이 가장 중요한 사회이다.

② 정보 통신 기술 변화에 따라 공간 이용 방식만 달라졌다.

③ 정보 통신 기술의 변화로 회사에서 일하는 시간이 길어졌다.

④ 정보화 사회에서는 인터넷 공간에서의 인간관계 활동이 증가했다.

기능 확인하기

메모하면서 수업을 들으면 수업을 더 잘 이해할 수 있습니다. 수업 시간에 중요하다고 생각하는 내용(핵심)이나 더 알고 싶거나 이해하지 못한 내용을 메모합니다. 메모를 할 때는 단어나 어구 중심으로 핵심 내용만 간단하게 씁니다. 만약 내가 아는 내용이라면 단서가 되는 말만 메모해도 됩니다. 메모할 때는 메모를 한 후에 무슨 말인지 모르면 안 되기 때문에 알아볼 수 있게 써야 합니다. 마지막으로 메모할 때 기호나 그림을 활용하는 것도 좋습니다.

▨ 다음 중 메모하기의 방법으로 알맞은 것을 모두 고르세요.

① 핵심만 간단히 메모했다.

② 기호를 활용해서 메모했다.

③ 그림을 활용해서 메모했다.

④ 더 알고 싶은 내용을 메모했다.

정보화:
지식과 정보가 가장 중요한 사회

활동하기

▨ 다음 을 보면서 메모해 보세요.

산업화란 농업 중심의 사회가 공업과 서비스업 중심의 사회로 변화해 가는 현상을 말한다. 이 과정에서 경제 활동의 기회가 더 많은 도시로 인구가 이동하면서 도시화가 빠르게 진행된다. 이와 같은 산업화와 도시화에 따라 도시 문제가 생겼다.

학습하기 2

필기하기에서 분류하기에 대해 알아봅시다.

> 분류하기란 여러 대상을 어떠한 기준에 따라 같은 특성을 가진 것끼리 묶어서 나누는 것을 말한다.

> 세인이가 과학 시간에 물질의 상태 변화에 대해 배웠다. 배운 내용을 공책에 정리하면서 다른 몇 가지 물질을 추가하여 직접 분류해 보려고 한다.

■분류하는 방법
–대상들의 특성을 살핀다.
–대상의 공통점과 차이점을 찾는다.
–찾은 공통점과 차이점을 이용하여 분류 기준을 정한다.
–분류 기준에 따라 나눈다. 공통적인 성질이 있는 것을 하나로 묶고, 공통적인 성질이 없는 것들을 다른 하나로 묶는다.

우리 주위에는 매우 다양한 물질들이 있어. 이 물질들은 상태에 따라 고체, 액체, 기체로 구분할 수 있어. 돌과 책상은 고체 상태이고, 물과 주스는 액체 상태이고, 공기와 수증기는 기체 상태야. 그럼 안개, 젤리, 치약은 어떤 상태의 물질일까?

먼저, 물질의 상태에 따른 특징을 정리해야겠다. 고체 상태의 물질은 단단하고 모양과 크기가 일정하다는 특징이 있고, 액체 상태의 물질은 담는 그릇에 따라 모양이 변하고, 흐르는 성질이 있어. 공기나 수증기 같은 기체 상태의 물질은 모양이 일정하지 않고, 흐르는 성질이 있으며 퍼져 나가 공간을 가득 <u>채운다고</u> 해.

● 의사소통 3권 4과 '-는다고'

특징을 정리하면서 놀라운 것을 봤어. 수증기가 기체라서 안개도 기체라고 생각했는데, 안개는 공기 중의 수증기가 얼어서 된 작은 물방울의 상태이기 때문에 액체라고 해.

그렇다면 우리가 흔히 먹는 '젤리'는 고체일까, 액체일까? 다른 고체 물질처럼 단단하지 않지만 일정한 모양이 있어. 반면에 액체 물질처럼 흐르는 성질이 있는 것은 아니야. 그럼 젤리는 액체보다는 고체로 분류할 수 있겠다.

'치약'은 고체일까, 액체일까? 물처럼 막 흐르지는 않지만 고체처럼 단단하지도 않고, 모양이 똑같지도 않아. 음……. 완전한 액체라고 할 수는 없지만 단단한 것보다 흐르는 성질에 가까우니까 고체보다는 액체로 분류해야겠다.

공통점과 차이점을 생각하여 분류하니까 정말 명확하게 이해가 된다. 이제 지금까지 공부한 것을 정리하여 필기해야겠다.

과목명: 과학

단원명: 물질의 상태 변화

학습 목표

❶ 주위에 있는 물체가 어떤 물질로 이루어졌는지 안다.

❷ 물체 상태에 따른 특징에 대해 안다.

❸ 여러 가지 물체를 특징에 따라 분류할 수 있다.

핵심 개념

물질의 상태

물질 상태에 따른 특징

물질은 대부분 고체, 액체, 기체로 존재

상태	고체	액체	기체
특징	■ 단단함. ■ 담는 그릇이 달라져도 일정한 모양과 크기임.	■ 흐르는 성질이 있음. ■ 담는 그릇이 달라지면 모양이 변하지만 양은 달라지지 않음.	■ 흐르는 성질이 있음. ■ 담는 그릇이 달라지면 모양이 변하고 그릇을 가득 채움.
예	돌, 책상 등	물, 주스 등	공기, 수증기 등

추가 분류

❶ 안개 ──────── 공기 중의 수증기가 얼어서 된 작은 물방울 상태임 ➡ 물방울 ➡ 액체

❷ 젤리 ──────── 고체처럼 단단하지 않음. 일정한 모양 있음. 흐르는 성질 없음 ➡ 고체▷액체 ➡ 고체

❸ 치약 ──────── 고체처럼 단단하지 않음. 물처럼 흐르지 않음. 모양이 달라질 수 있음 ➡ 고체<액체 ➡ 액체

물질: 고체, 액체, 기체

– 모양, 크기(양), 흐르는 성질 등에 따라 나눌 수 있음

– 각 물질 상태의 특징을 잘 고려하여 다른 물체들도 분류할 수 있음

학습하기 2 다지기

■ 〈보기〉에서 알맞은 말을 골라 문장을 완성하세요.

〈보기〉				
구분	기준	성질	일정	특징

(1) 미에 대한 (   )은/는 시대마다 달랐다.

(2) 기름은 물과 섞이지 않는 (   )이/가 있다.

(3) 한국은 사계절이 뚜렷하다는 (   )이/가 있다.

(4) 유리 온실의 온도는 항상 섭씨 24도로 (   )하게 유지되고 있다.

(5) 책꽂이에 이미 읽은 책과 앞으로 읽을 책을 (   )해서 꽂아 두었다.

■ 학습하기 2의 내용과 같은 것을 고르세요.

① 고체는 눈으로 관찰할 수 없다.

② 액체는 단단하고 크기가 일정하다.

③ 안개와 치약은 액체이고 젤리는 고체이다.

④ 기체의 모양은 담는 그릇의 모양과 상관없이 일정하다.

기능 확인하기

필기하는 방법 중에는 분류하기가 있습니다. 분류할 때는 먼저 분류할 것들의 공통점과 차이점을 찾아야 합니다. 그다음에 공통점이나 차이점을 이용하여 분류 기준을 정합니다. 그리고 그 기준에 따라 공통적인 성질이 있는 것과 공통적인 성질이 없는 것으로 나누면 됩니다.

▨ 분류하는 방법을 순서에 맞게 써 보세요.

(가) 분류 기준 정하기   (나) 분류 기준에 따라 나누기
(다) 분류 대상들의 특성 살피기   (라) 대상의 공통점과 차이점 찾기

(   ) → (   ) → (   ) → (   )

활동하기

▨ 다음 기준을 이용하여 동물을 분류해 보세요.

종류	모습	숨 쉬는 방법	번식	예
포유류	털	폐	새끼	토끼
조류	깃털	폐	알	
파충류	비늘	폐	알	
양서류	피부	폐, 피부, 아가미	알	
어류	비늘	아가미	알	

지식 더하기

국어

기술 과학 이론을 실제로 적용하여 인간 생활에 쓸모가 있게 하는 수단.
#technology #техника #технологи #技術 #동영상

적용 필요에 따라 적절하게 맞추어 쓰거나 실시함.
#application #применение #оновчтой хэрэглээ #適用

상업성 상품을 파는 경제 활동을 통하여 이익을 얻는 것을 중요시하는 특성.
#commerciality #коммерческий потенциал #худалдааны онцлог #商業性

수학

함수 두 개의 변수 사이에서, 하나의 변수의 값이 변하는 데 따라서 다른 변수의
값이 정해짐을 나타내는 수식.
#function #функция #математикийн функц #関数 #동영상

변수 일정한 범위 안에서 여러 다른 값으로 바뀔 수 있는 수.
#variable #переменная #хувьсагч #変数 #그림

효용 좋은 결과를 내거나 만족감이 있게 쓰거나 쓰임.
#usefulness #полезность #үр нөлөө #効用

합리적 논리나 이치에 알맞은 것.
#being rational #логичный #оновчтой #合理的 #동영상

실학 실제의 생활에 쓰임이 있는 학문.
#practical science #практическая наука #бодит ухаан #実学 #동영상

광물 금, 은, 철 등과 같은 금속을 포함하는 자연에서 생기는 무기 물질.
#mineral #минерал #эрдэс бодис #鉱物 #동영상

물질 공간의 일부를 차지하는 질량을 갖는 요소.
#material #вещество #биет #物質 #동영상

7과 복습하기

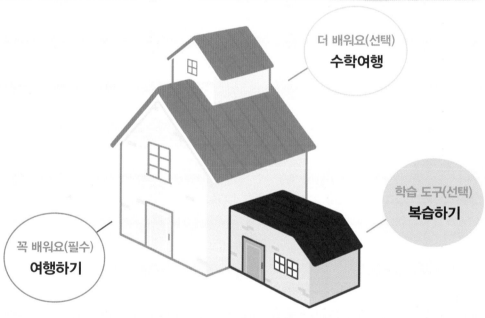

더 배워요(선택)
수학여행

학습 도구(선택)
복습하기

꼭 배워요(필수)
여행하기

학습 목표

복습의 필요성과 복습 방법에 대해 안다.

배운 내용에서 구성 요소와 속성을 확인할 수 있다.

배운 내용에서 핵심적인 내용을 분석할 수 있다.

주제 확인하기

학습하기 1 구성 요소와 속성 확인하기: 배운 내용 전반에 대한
내용 확인하기(국가의 개념)

학습하기 2 핵심 정리하기: 핵심 내용 분석해 내기(멘델의 법칙)

복습하기

복습하기

복습의 중요성 및 효과

다음 주 개교기념일에 공원에 놀러 갈래?

미안. 이번 주 수업 시간에 배운 것들을 개교기념일에 복습하려고 해.

시험 때도 아닌데 벌써 공부를 해?

배운 뒤에 바로 복습하지 않으면 잊어버려. 복습하지 않고 시간이 오래 지나면 잊어버리기가 쉽거든. 복습을 해야 배운 내용을 더 정확하게 이해하고 더 오래 기억할 수 있어.

나는 복습을 한 번만 하지 않고 여러 번 해. 수업이 끝난 다음 쉬는 시간에 한 번, 집에 가서 저녁에 또 하면서 규칙적으로 여러 번 해. 그리고 교과서 다시 읽기, 공책 정리하기 같은 방법으로 복습을 하고 있어.

그렇긴 하지. 너는 복습을 어떻게 해?

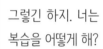

음, 네가 공부를 잘하는 이유가 있구나. 그럼 개교기념일에 같이 만나서 공부할까?

그래, 좋아.

여행을 다녀온 뒤 사진을 정리하고 의미를 기록하여 되새기면 오래
기억되는 것처럼, 공부한 것을 체계적으로 복습하면 학습 능력을 향
상하는 데 좋아요.

2 복습 계획

■ 복습은 한 번 하는 것보다 주기적으로 하는 것이 좋다. 왜냐하면 한 번의 복습으로 모든 것을 다 기억하기는 어렵기 때문이다.

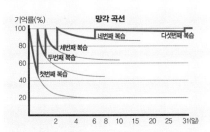

■ 가장 효과적인 복습 주기는 10분, 1일, 7일, 30일이다. 이 주기에 맞춰 복습 계획을 세우는 것이 좋다.

■ 개인적인 공부 일정이나 시험 일정에 맞춰 복습 계획을 세우는 것이 좋다. 자신이 할 수 있는 양을 미리 정하여 복습을 계획하는 것이 중요하다. 적은 양이라도 꾸준히 복습하는 것이 좋다.

3 복습 방법

교과서 다시 읽기

■ 교과서를 다시 읽으면서 배운 내용을 떠올린다.
■ 교과서를 읽을 때는 아래의 방법으로 읽을 수 있다.

❶ 전체 내용의 틀을 잡으면서 읽기
❷ 중요한 내용을 파악하면서 읽기
❸ 세부 내용을 정리하면서 읽기

■ 차례를 보고 떠오르는 내용을 말하거나 적으면서 배운 내용을 확인할 수도 있다.

교과서를 다시 읽으면서 배운 내용들을 확인할 수 있어요.

공책 정리하기

■ 교과서 내용, 선생님께서 하신 말씀, 문제집 내용 등을 모두 합쳐 하나로 정리할 수 있다.
■ 자신이 이해한 내용으로 요약해서 정리한다.

배운 내용을 공책에 정리하면서 핵심 내용을 분석해 낼 수 있어요.

복습을 할 때는 복습 시간을 정해서 하는 것이 좋아요. 그리고 복습하는 데 많은 시간을 소모하지 않아야 해요.

■ 복습하기에서 구성 요소와 속성 확인하기에 대해 알아봅시다.

구성 요소와 속성 확인하기란 대상이 어떤 부분들로 이루어져 있는지를 알고 그것들의 특징을 분명하게 확인하는 것을 말한다.

소연이가 사회 시간에 배운 '국가'의 개념에 대해 복습하고 있다. 국가를 이루고 있는 구성 요소들을 통해서 국가의 개념을 이해하려고 한다.

국가란 일정한 지역 위에 정부라는 조직을 가지는 국민 단체이며 통치권의 주체를 말한다.

■ 구성 요소와 속성 확인하는 방법
－대상이 어떤 요소로 구성되어 있는지 살핀다.
－각각의 구성 요소가 어떤 특징이 있는지 확인한다.
－각각의 특징과 속성들 중에서 어떤 것이 중요한지 확인한다. 이때 핵심적인 속성과 부가적인 속성으로 나눌 수 있다.

일정한 지역이 뭘까? 국민 단체라고? 통치권의 주체? 국가의 개념이 너무 포괄적이라 이해하기가 힘드네. 국가를 이루는 구성 요소를 알면 국가의 개념을 이해할 수 있을 거야.

국가는 주권, 영토, 국민으로 구성되어 있네. 그러면 일정한 지역은 '영토'를 말하는구나.

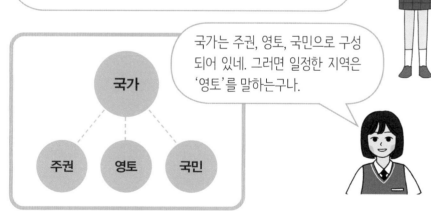

한 국가의 주권이 미치는 지리적 범위를 영토라고 하며, 영토는 영해와 영공을 포함한다.

영토는 땅이고, 영해는 바다이고, 영공은 하늘인데 이 모든 것을 종합해서 '영토'라고도 하는구나. 그러면 바다가 없는 국가는 영토와 영공뿐이겠다.

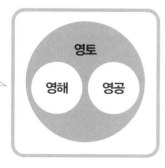

구성 요소와
속성 확인하기

국가의 영역

한국의 영역

영토에 있는 사람이면 모두 국민일까?

　국민은 국가를 구성하는 사람 또는 그 나라의 국적을 가진 사람을 말한다. 한 나라의 국민이 되는 자격을 '국적'이라고 한다. 경우에 따라서 한 사람이 여러 개의 국적을 가질 수도 있다. 그리고 한 나라에 여러 국적의 사람들이 모여서 살 수도 있다.

맞아. 요즘 나라 간의 교류가 많아지면서
한 나라에 여러 국적의 사람들이 살기도 하지.

통치권의 주체는 '주권'을 의미하는 것 같은데 주권이 뭐지?

　주권은 나라의 주인으로서의 권리로, 주권이 있는 국가는 자기 나라의 모든 문제를 스스로 결정할 수 있는 힘이 있다. 특히 민주주의 국가에서는 이러한 권리가 국민으로부터 나온다.

스스로 결정하는 힘을 주권이라고 하는구나.
국가의 개념을 구성 요소로 정리해야겠다.

　국가란 일정한 지역 위에 정부라는 조직을 가지는 국민 단체이며 통치권의 주체를 말한다.

⇢ 영토　　　국민 ⇠--- 　주권 ⇠---

이렇게 구성 요소와 속성으로 확인하면서 정리하니까 국가에 대한 개념을 한눈에 볼 수 있어서 좋다.

학습하기 1 다지기

어휘 확인하기

■ 〈보기〉에서 알맞은 말을 골라 문장을 완성하세요.

> 〈보기〉
>
> 개념　　　　교류　　　　범위　　　　요소　　　　조직

(1) '인물, 사건, 배경'은 소설의 3대 (　　　　)이다.

(2) 그 나라는 몇 년 전부터 외국과 기술을 (　　　　)하기 시작했다.

(3) 시험 (　　　　)이/가 너무 넓어서 공부하는데 시간이 많이 걸린다.

(4) 책을 좋아하는 친구들과 선후배들을 모아 독서회를 (　　　　)했다.

(5) 선생님께서 정보화의 (　　　　)에 대해 이해하기 쉽게 설명해 주셨다.

내용 확인하기

■ 학습하기 1의 내용과 같은 것을 고르세요.

① 모든 국가의 영토에는 영해가 있다.

② 한 사람은 하나의 국적만 가질 수 있다.

③ 국가를 이루는 3요소에는 국적, 영토, 국민이 있다.

④ 주권은 자기 나라의 문제를 스스로 결정할 수 있는 권리이다.

기능 확인하기

구성 요소와 속성 확인하기는 대상이 어떤 부분들로 이루어져 있는지를 알고 그것들의 특징을 분명하게 확인하는 것을 말합니다. 복습할 때 구성 요소와 속성 확인하기를 이용하여 개념을 보다 정확하게 이해할 수 있습니다. 구성 요소와 속성을 확인하기 위해서는 이해하려는 대상이 어떤 요소로 구성되어 있는지 살펴야 합니다. 그리고 각각의 구성 요소가 어떤 특징이 있는지 확인합니다. 마지막으로 각각의 특징과 속성들 중에서 어떤 것이 중요한지 확인합니다. 이때 핵심적인 속성과 부가적인 속성으로 나눌 수 있습니다.

■ 다음 중 학습하기 1에서 소연이 개념을 이해하면서 사용한 방법으로 알맞은 것을 고르세요.

영토는 땅이고, 영해는 바다이고, 영공은 하늘인데 이 모든 것을 종합해서 '영토'라고도 하는구나. 그러면 바다가 없는 국가는 영토와 영공뿐이겠다.

① 대상의 구성 요소를 확인했다.
② 구성 요소의 특징을 확인했다.
③ 구성 요소 중 중요한 요소를 확인했다.

활동하기

■ 다음 글을 읽고 '대화'가 무엇인지 대화의 구성 요소를 써 보세요.

대화는 일상생활에서 두 사람 이상이 모여 말로 생각이나 느낌을 표현하고 이해하는 활동을 말한다. 즉, 대화를 하기 위해서는 말하는 사람인 화자와 듣는 사람인 청자, 이야기할 주제인 화제가 있어야 한다. 대화는 서로 말을 주고받는 것이며 한 사람만 말하는 것은 대화가 아니다. 친구들끼리의 대화, 부모와 자녀의 대화, 선생님과 학생의 대화 등 대화에 참여하는 사람들에 따라 다양한 대화 상황이 생길 수 있다.

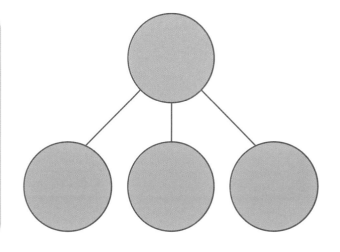

■ **복습하기에서 핵심 정리하기에 대해 알아봅시다.**

핵심 정리하기란 가장 중심이 되거나 중요한 내용을 체계적으로 나누거나 모으는 것을 말한다.

수호가 과학 시간에 배운 '멘델의 법칙'에 대해 복습하고 있다. 교과서를 다시 읽고 내용을 분석해서 '멘델의 법칙'의 핵심 내용을 정리하려고 한다.

멘델의 법칙

• 의사소통 3권 1과 '-기 위해서'

멘델은 완두의 형질이 어떻게 유전되는지 확인하기 위한 실험을 했다. 키 큰 완두 사이에서 나온 순종의 키 큰 완두와 키 작은 완두 사이에서 나온 순종의 키 작은 완두를 교배했다. 그 결과 잡종 1대에서 모두 키 큰 완두만 나왔다. 이때 키 큰 형질처럼 잡종 1대에서 나타나는 형질을 우성이라고 하고, 키가 작은 형질처럼 잡종 1대에서 나타나지 않는 형질을 열성이라고 한다. 이처럼 순종의 대립 형질끼리 교배하였을 때 잡종 1대에서 우성 형질만 나타나는 현상을 우열의 법칙이라고 한다.

사람도 부모의 성격, 모습 등의 형질이 자식에게 전해진다. 유전 때문에 가족들이 닮는 것이다. 사람의 유전에도 우성 유전과 열성 유전이 있다. 우성 유전은 성질이 약한 특징과 강한 특징이 만났을 때 강한 특징이 겉으로 나타나는 것을 말한다. 쌍꺼풀, 보조개, 혀 말기가 대표적인 우성 형질이다. 멘델의 우열의 법칙을 통해 다음 세대의 형질을 예상할 수 있다.

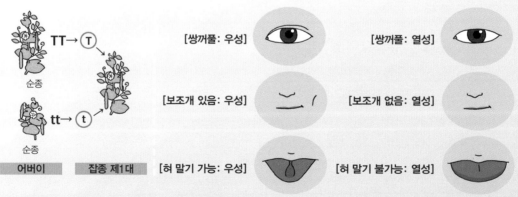

핵심 정리하기

오늘 배운 내용의 핵심을 체계적으로 정리해야겠다.

단원의 제목과 내용으로 주제를 찾을 수 있어. 멘델의 법칙 중에서 우열의 법칙을 설명하고 있구나.

1. 무엇에 대한 글인지 확인한다.

멘델의 법칙 1: 우열의 법칙

주제와 관련된 어휘 및 표현을 정리하면 도움이 될 거야.

2. 글을 읽으면서 우열의 법칙과 관련된 어휘를 찾는다.

관련 어휘: 완두, 형질, 유전, 순종, 잡종, 우성, 열성

3. 위에서 찾은 주제와 관련된 어휘와 표현을 중심으로 핵심 내용을 정리한다.

과학) 멘델의 법칙 /: 우열의 법칙

멘델은 (순종)과 (잡종) 완두로 (형질)에 대한 실험을 했다. 그 결과 (우열의 법칙)을 발견했다.

*우열의 법칙: (우성)과 (열성)의 (형질)이 만났을 때 /세대에서는 (우성) 형질만 나타난다.

이제 뭐가 핵심인지 알겠다.

■ 핵심 정리하는 방법
-주제를 확인한다.
-주제와 관련된 어휘와 표현을 찾는다.
-주제와 관련된 어휘 및 표현의 관계를 파악하면서 핵심 내용을 정리한다.

어휘 확인하기

■ 〈보기〉에서 알맞은 말을 골라 문장을 완성하세요.

> 〈보기〉
>
> | 대립 | 실험 | 예상 | 현상 | 체계적 |

(1) 이 영화에는 정의로운 주인공과 (   )하는 악한 인물이 등장한다.

(2) 이 책은 고등학생에게 필요한 진로 정보를 (   )으로/로 정리하고 있다.

(3) 과학 시간에 (   )을/를 통해 알코올의 어는점에 대해 알아보기로 했다.

(4) 이번 체육 대회에서 우리 반이 이길 거라는 내 (   )은/는 딱 들어맞았다.

(5) 밤에도 무더운 (   )으로/로 인해 밤늦게까지 잠을 이루지 못하는 사람들이 늘고 있다.

내용 확인하기

■ 학습하기 2의 내용과 같은 것을 고르세요.

① 보조개가 없는 것이 우성 유전이다.

② 사람에게는 우열의 법칙이 적용되지 않는다.

③ 잡종 1세대에서 나타나는 형질을 열성이라고 한다.

④ 우성과 열성의 형질이 만났을 때 우성의 형질만 나타난다.

기능 확인하기

핵심 정리하기는 가장 중심이 되거나 중요한 내용을 체계적으로 나누거나 모으는 것을 말합니다. 핵심 내용을 정리하기 위해서는 주제를 확인해야 합니다. 그리고 주제와 관련된 어휘와 표현을 찾습니다. 마지막으로 주제와 핵심 어휘의 관계를 파악하면서 중요한 내용을 정리합니다.

■ 핵심 정리하기의 방법으로 맞으면 O, 틀리면 X 하세요.

(1) 주제와 핵심 어휘 사이의 관계를 찾는다.　　　(　　　　)

(2) 어휘들 사이의 공통점과 차이점을 찾는다.　　　(　　　　)

(3) 주제와 관련된 핵심 어휘와 표현을 확인한다.　(　　　　)

활동하기

■ 다음은 뉴턴의 '관성의 법칙'에 대한 글입니다. 핵심 어휘를 찾고 중심 내용을 정리해 보세요.

　　달리던 버스가 갑자기 멈췄을 때 버스에 타고 있는 사람들의 몸이 앞쪽으로 쏠리는 이유는 무엇일까? 이는 뉴턴의 관성의 법칙으로 설명할 수 있다. 버스에 타고 있는 사람들은 외부로부터 아무런 힘의 작용을 받지 않는 상태이다. 버스가 달리고 있을 때 버스 안에 있는 사람들의 몸은 계속 앞으로 가려고 하는 상태이다. 그런데 갑자기 달리던 버스가 멈추면 버스에 타고 있는 사람들은 계속 앞으로 가려고 하기 때문에 몸이 앞쪽으로 쏠리는 것이다. 물잔에 물을 넣고 돌리다가 멈추면 물은 바로 멈추지 않고 계속 도는 것도 같은 원리로 설명할 수 있다.

뉴턴의 관성의 법칙에 따르면 (　　　　　　)로부터 아무런 (　　　　)의 (　　　　　)을 받지 않으면 움직이는 물체는 (　　　　) 움직이려고 한다.

지식 더하기

국어

관습 한 사회에서 오랜 시간에 걸쳐 지켜 내려오고 있는 사회 규범이나 생활 방식.
#custom #обычай #ёс заншил #慣習 #동영상

인식 무엇을 분명히 알고 이해함.
#recognition #восприятие #ойлголт #認識

인생관 인생의 목적, 의미, 가치 등에 대한 의견이나 태도.
#view of life #взгляд на жизнь #амьдралыг үзэх үзэл #人生観

수학

극한 도달할 수 있는 가장 마지막 단계나 상태.
#limits #край #хязгаар #極限 #그림

최댓값 어떤 함수가 일정한 범위 안에서 가질 수 있는 값 중 가장 큰 값.
#maximum #максимальное значение #максимум #最大値 #동영상

사회

부동산 땅이나 건물과 같이 움직어 옮길 수 없는 재산.
#property #недвижимость #үл хөдлөх хөрөнгө #不動産 #동영상

세계화 세계 여러 나라를 이해하고 세계적으로 나아감. 또는 그렇게 되게 함.
#globalization #глобализация #даяаршил #世界化 #그림

개발 도상국 산업의 근대화와 경제 개발이 선진국에 비하여 뒤떨어진 나라.
#developing country #развивающаяся страна #хөгжиж буй орон
#発展途上国 #동영상

과학

교배 다음 세대를 얻기 위하여 생물의 암수를 인공적으로 수정시킴.
#crossbreeding #скрещивание #эрлийзжүүлэлт #交配 #그림

형질 동물과 식물이 본래 지니고 있는 모양, 크기, 성질 등의 특징.
#trait #отличительный признак #шинж #形質 #동영상

8과 점검하기

더 배워요(선택)
여가와 운동

학습 도구(선택)
점검하기

꼭 배워요(필수)
운동하기

학습 목표 점검하기의 중요성과 점검하는 방법에 대해서 안다.

일의 양상을 확인할 수 있다.

구성 요소들 간의 관계를 파악할 수 있다.

주제 확인하기 **학습하기 1** 양상 확인하기(청소년의 언어 사용)

학습하기 2 관계 파악하기(가축 사육과 환경)

점검하기

점검하기

점검하기의 개념과 자기 점검

점검하기란 어떤 일의 양상이나 대상의 상태를 하나하나 살피고 확인하는 것을 말한다. 학습 활동에서는 특히 자기 점검이 중요한데, 이는 자신의 사고 과정이나 과제 수행 과정, 행동 등이 적절한지 살피고 확인하는 것을 뜻한다. 자기 점검을 통하여 학습이 잘 되고 있는지 알 수 있고 부족한 부분이 무엇인지도 확인하여 보완해 나갈 수 있다. 점검하기는 살펴야 할 항목들을 적어 놓은 점검표를 만들어서 진행하면 더욱 효과적이다.

점검표

점검표는 어떤 대상을 점검한 내용을 표 형식으로 나타낸 문서를 말한다. 점검표에는 청소 점검표, 학습 점검표 등 다양한 종류가 있다. 점검표는 객관적이고 자세히 작성해야 한다. 점검표의 점검 내용은 목표를 이용하여 작성할 수 있다. 또한 보완 사항을 적는 공간이 있으면 좋다.

> 점검표를 만들 때 처음 설정한 목표를 활용하여 점검 내용을 구성할 수 있어요.

〈점검표 예〉

점검 내용	네	아니요	보완 사항
1. 일정에 맞게 진행을 하였는가?	○		
2. 자신이 맡은 부분을 모두 수행하였는가?	○		
3. 더 필요한 내용은 없는가?		○	사진 자료 추가할 것

건강 상태를 점검하거나 사물의 상태를 점검하는 것처럼
학습 활동을 할 때에도 점검하는 과정이 필요해요.

점검하기는 공부할 때도 도움이 돼요.

학습에서의 자기 점검 하기

학습에서의 점검하기는 배운 내용이나 학습한 정도를 확인하는 것을 말한다.
공부를 하면서 아래의 사항들을 점검할 수 있다.

- 학습하는 목적 확인하기
- 어떤 과정으로 학습하면 효율적인지 확인하기
- 학습하면서 중요한 것이 무엇인지 확인하기
- 학습 내용을 제대로 이해하고 있는지 스스로 점검하기
- 학습의 전체 의미를 제대로 파악했는지 확인하기
- 학습하면서 주의 집중 상태 점검하기

어떤 부분이 잘되었는지, 더 잘하려면 무엇을 공부해야
하는지, 더 좋은 결과를 얻으려면 다음에는 어떻게 해야
하는지 등을 점검할 수 있어요.

아는 것 확인하기

책의 차례와 점검표를 보면서 자신이 알고 있는 것을 확인할 수 있다.
생각 그물(마인드맵)로 알고 있는 것을 다 써 보면서 아는 것과 모르는 것을 점검할 수 있다.

〈학습에서의 자기 점검표 예〉

점검 내용	네	아니요	보완 사항
스스로 책을 찾아 읽는 편인가?			
자신의 수준이나 흥미를 고려하여 책을 고르는가?			
고른 책을 끝까지 포기하지 않고 읽는 편인가?			

〈생각 그물(마인드맵)의 예〉

학습하기 1

점검하기에서 양상 확인하기에 대해 알아봅시다.

> 양상 확인하기란 사물이나 현상의 모양이나 상태를 알아보는 것을 말한다.

> 유미와 수호가 청소년의 언어 사용 문제에 관한 과제를 하고 있다. 먼저 청소년의 언어 사용 양상을 확인하기 위해서 최신 기사를 살피고 있다.

■ 양상 확인하기의 효과
– 양상 확인하기를 통해 일이 진행되는 모습이나 현재의 상황을 파악할 수 있다.
– 현재의 모습을 바탕으로 현재의 상황이 어떤 흐름 속에 있는지를 확인할 수 있다.
– 현재의 양상을 파악함으로써 미래의 모습을 예상할 수 있다.
– 현재의 모습뿐만 아니라 과거의 모습까지 살펴보면 양상을 제대로 이해할 수 있다.

의사소통 3권 4과 '-는 다고' •┄┄┄┄

┄┄┄┄• 의사소통 3권 1과 '-기 위해서'

청소년의 언어 사용 실태를 <u>알아보기 위해</u> 청소년들을 대상으로 많이 사용하는 말을 조사했다.

조사 결과에 따르면 많은 청소년들이 줄임말과 신조어를 <u>사용한다고</u> 응답했다. 그리고 청소년들은 줄임말과 신조어를 사용하는 가장 대표적인 이유로 친구들이 많이 사용하기 때문이라고 답했다. 이를 통해 청소년들이 친구들 사이의 소속감을 확인하기 위해서 줄임말과 신조어를 사용한다는 것을 알 수 있었다. 하지만 이런 청소년의 언어 사용이 다른 세대와의 갈등을 유발하는 요인이 될 수 있다.

우리말을 어떻게 쓰고 있나요?

39%
6%
55%

■ 습관적으로 줄임말과 신조어를 사용함
■ 줄임말과 신조어를 좋아하여 자주 사용함
■ 항상 올바른 표현을 쓰려고 함

줄임말/신조어를 사용하는 이유는?

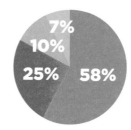

7%
10%
25%
58%

■ 친구들이 사용하니까
■ 긴 문장을 적는 것이 귀찮아서
■ 재미있어서
■ 유행을 못 따라갈까 봐

청소년들의 이 같은 언어 사용은 예전에도 있었다. 어느 시대에나 청소년들은 부모 세대와는 다른 방식으로 언어를 사용하려고 했다. 즉, 이러한 언어 사용 양상은 앞으로도 계속될 것이며 크게 걱정할 일이 아닐 수도 있다.

양상 확인하기

최신 자료를 통해 언어 사용 양상을 확인해 보니 이렇게 여러 가지 이유로 줄임말과 신조어를 사용하는 청소년들이 많구나.

그러게. 줄임말과 신조어를 사용하는 비율이 60%가 넘는다고 해. 실제로 어떻게 사용하고 있는지 확인해 볼까?

친구들

 나나
오늘 코노 갈 사람?

난 ㄴㄴ
아직 숙제 다 못 함

 민우
헐 룸곡이다

 소연
나 다 함. 내 거 보실?

ㄳㄳ. 소연아 H워얼V

 나나
그럼 다 감? 버정으로 고고씽!

이거 정말 한국어야? 외국어를 보는 기분이야.

그렇지? 나도 처음에는 'ㄴㄴ'이 '네'인 줄 알았어. '노노'인 줄 모르고 말이야.

'코노'는 코인 노래방, '버정'은 '버스 정류장'을 줄인 것이겠지? 그런데 '룸곡', 'H워얼V', '고고씽'은 전혀 모르겠다. 무슨 뜻이야?

'룸곡'은 '눈물'을 뒤집어서 쓴 말이야. 'H워얼V'도 '사랑해'를 뒤집어 쓴 말이야. '고고씽'은 '빨리 가자, 빨리 가라'는 뜻이야.

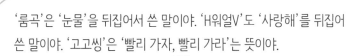

암호 같다. 정말 아는 사람만 이해할 수 있겠다.

이렇게 보니까 나도 일상생활에서 줄임말과 신조어를 많이 사용하는구나.

학습하기 1 다지기

■ 〈보기〉에서 알맞은 말을 골라 문장을 완성하세요.

> 〈보기〉
>
> 갈등   바탕   비율   실태   요인

(1) 기사에서는 그의 성공 (   )으로/로 성실한 태도를 꼽았다.

(2) 연구소에서 청소년의 여가 활동 (   )을/를 조사하고 있다.

(3) 이 작가는 여러 나라를 여행한 경험을 (   )으로/로 책을 냈다.

(4) A 국가는 해마다 전체 인구에서 노년층의 (   )이/가 높아지고 있다.

(5) 민우는 어느 과에 진학할 것인지 결정하지 못하고 (   )에 빠져 있다.

■ 학습하기 1의 내용과 같은 것을 고르세요.

① 청소년의 신조어 사용은 최근에 새로 생긴 문제이다.

② 청소년들은 소속감을 확인하기 위해서 신조어를 사용한다.

③ 청소년들의 줄임말 사용과 다른 세대와의 갈등은 관계가 없다.

④ 청소년들이 줄임말을 사용하는 가장 대표적인 이유는 유행 때문이다.

기능 확인하기

> 양상 확인하기란 사물이나 현상의 모양이나 상태를 알아보는 것을 말합니다. 점검하기에서 양상 확인하기를 통해 일이 진행되는 모습이나 현재의 상황을 파악할 수 있습니다. 그리고 현재의 모습을 바탕으로 현재의 상황이 어떤 흐름 속에 있는지를 확인할 수 있습니다. 나아가 현재의 양상을 파악함으로써 미래의 모습도 예상할 수 있습니다. 현재의 모습뿐만 아니라 과거의 모습까지 살펴보면 양상을 더 잘 이해할 수 있습니다.

▨ 다음 중 양상 확인하기에 대한 설명으로 알맞지 <u>않은</u> 것을 고르세요.

① 현재의 상황이나 일이 진행되는 모습을 파악할 수 있다.

② 현재의 양상을 파악함으로써 과거의 모습을 예상할 수 있다.

③ 현재의 모습뿐만 아니라 과거의 모습까지 보면 더 잘 이해할 수 있다.

④ 현재의 모습을 바탕으로 현재의 상황이 어떤 흐름 속에 있는지 확인할 수 있다.

활동하기

▨ 여러분은 어떤 줄임말이나 신조어를 사용하고 있습니까? 여러분이 많이 사용하는 표현과 그 의미를 써 보세요. 그리고 다른 나라에서 사용하는 줄임말이나 신조어를 찾아보세요.

많이 사용하는 표현	다른 언어에서 사용하는 표현

학습하기 2

점검하기에서 관계 파악하기에 대해 알아봅시다.

관계 파악하기란 어떤 일(사건)이나 대상들이 서로 어떤 관계가 있는지, 어떤 영향을 주고받는지를 살피는 것을 말한다.

나나와 민우가 가축 사육을 줄이면 환경을 살릴 수 있다는 내용의 기사를 찾았다. 가축 사육과 환경이 어떤 관계가 있는지 기사를 읽어 보려고 한다.

■ 관계의 구분
－논리적 관계: 개념, 이론들 사이의 필연적 관계를 의미한다.
－사실적 관계: 사건, 변화, 실체들 사이의 물리적·기능적·인과적 관계를 의미한다.

■ 관계의 유형에는 인과 관계, 공존 관계, 유사 관계, 모순 관계, 대립 관계, 상하 관계 등이 있다.

가축을 기르는 것과 환경 문제가 어떤 관계가 있는 거지?

기사 내용을 꼼꼼히 읽으면서 살펴보자.

1. 가축 사육으로 인한 사막화
● 의사소통3권 1과 '-기 위해서'

고기를 팔아 돈을 벌기 위해 나무를 자르고 농장을 만드는 경우가 증가한다. 소를 사육한 땅은 소가 계속 밟아 단단해지기 때문에 씨앗을 뿌려도 싹이 나지 않아 사막 지대가 된다.

지금도 세계 곳곳에서 사막화가 진행되고 있다고 하지. 난 가축을 기르기 위해 농장을 만들고 그곳에서 소가 사는 것이 사막화에 영향을 주는 줄 몰랐어.

● 의사소통 3권 4과 '-는다고'

관계 파악하기

2. 가축 사육으로 인한 물 부족 현상

가축을 사육할 때는 많은 양의 물이 필요하다. 왜냐하면 가축이 먹을 사료를 재배하는 데도 물이 많이 사용되기 때문이다. 쌀 1kg을 생산하는 데는 물 300L가 필요하지만 소고기 1kg을 생산하기 위해서는 물 1만 5,500L가 필요하다. 6개월 동안 샤워를 하지 않는 것보다 햄버거 4개를 안 먹는 것이 물을 절약할 수 있는 더 좋은 방법이다.

3. 가축 사육으로 인한 지구 온난화

소, 양, 염소 등 위가 4~5개 되는 가축들의 트림이나 방구에는 메탄가스가 특히 많이 포함되어 있다. 소 한 마리가 1년에 배출하는 온실가스 양은 4톤이나 된다. 이는 차 한 대가 배출하는 2.7톤의 약 1.5배이다. 그리고 가축들이 먹을 사료를 생산할 때도 메탄가스와 이산화 탄소가 발생한다.

우리가 고기를 먹는 것이 가축 사육으로 이어지고, 가축을 사육하는 과정이 환경에 영향을 미치는 것이 신기하면서도 무섭다.

맞아. 어떤 현상으로 인한 결과들을 따라가 보니까 전혀 관계가 없어 보이는 가축 사육과 환경 오염의 관계를 알 수 있네.

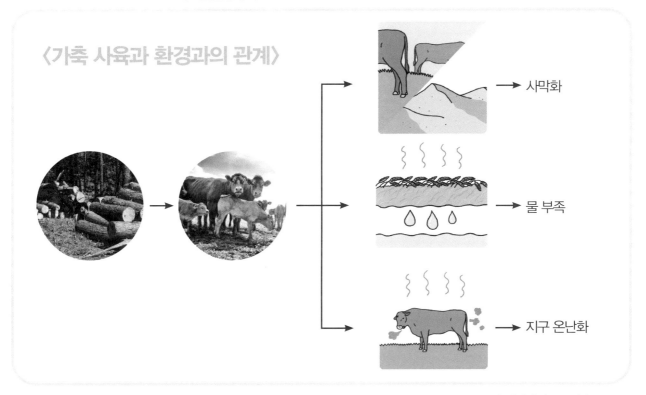

〈가축 사육과 환경과의 관계〉

사막화

물 부족

지구 온난화

학습하기 2 다지기

어휘 확인하기

■ 〈보기〉에서 알맞은 말을 골라 문장을 완성하세요.

> 〈보기〉
>
> 공존　　　　발생　　　　생산　　　　실체　　　　영향

(1) 화재가 (　　　　)하지 않도록 주의해 주십시오.

(2) 과학의 발달로 바이러스의 (　　　　)이/가 밝혀졌다.

(3) 한국에서 귤을 가장 많이 (　　　　)하는 곳은 제주도이다.

(4) 모든 현상에는 긍정적인 것과 부정적인 것이 (　　　　)한다.

(5) 화가인 아버지의 (　　　　)을/를 받아 어렸을 때부터 그림 그리는 것을 좋아했다.

내용 확인하기

■ 학습하기 2의 내용과 같은 것을 고르세요.

① 소를 사육한 땅에서 싹이 잘 자란다.

② 소고기를 먹는 것과 환경은 관계가 없다.

③ 소고기를 생산하는 것이 쌀을 생산하는 것보다 물이 많이 든다.

④ 소가 배출하는 온실가스보다 차가 배출하는 온실가스가 더 많다.

기능 확인하기

관계 파악하기는 어떤 일이나 대상들이 서로 어떤 관계가 있는지, 어떤 영향을 주고받는지를 살피는 것을 말합니다. 관계는 논리적 관계와 사실적 관계로 구분합니다. 논리적 관계는 개념, 이론 등 사이의 필연적 관계를 의미합니다. 사실적 관계는 사건, 변화, 실체들 사이의 물리적·기능적·인과적 관계를 의미합니다. 관계의 유형에는 원인과 결과인 인과 관계, 서로 도우며 함께 존재하는 공존 관계, 서로 비슷한 유사 관계, 어떤 사실의 앞과 뒤가 맞지 않는 모순 관계, 서로 반대인 대립 관계, 하나의 대상이 다른 것에 포함되는 상하 관계 등이 있습니다.

■ 다음 그림들 사이의 관계를 파악하여 원인과 결과를 써 보세요.

원인

결과

활동하기

■ 플라스틱 빨대의 사용을 줄이는 것이 바다 생물 보호와 어떤 관계가 있는지 알아보세요.

요즘 바다 생물을 보호하기 위해 플라스틱 빨대 사용을 금지하는 나라가 많다고 해. 플라스틱 빨대와 바다 생물이 무슨 관계가 있지?

왜냐하면

지식 더하기

국어

맞춤법 한 언어를 글자로 적을 때에 지켜야 하는 정해진 규칙.
#spelling #орфография #зөв бичих дүрэм #正書法 #동영상

외래어 다른 나라에서 들어온 말로 국어처럼 쓰이는 단어.
#borrowed word #заимствованные слова #харь үг #外来語 #동영상

비판적 무엇에 대해 자세히 따져 옳고 그름을 밝히거나 잘못된 점을 지적하는 것.
#being critical #разборчивый #шүүмжлэлтэй хандах #批判的 #동영상

수학

포물선 평면 위의 한 점과 하나의 직선에 이르는 거리가 같은 점들을 연결한 곡선.
#arc #парабола #парабол #放物線 #동영상

연속 끊이지 않고 계속 이어짐.
#continuity #непрерывность #үргэлжлэл #連続 #그림

서민 경제적으로 중간층 아래인 넉넉하지 못하게 사는 사람.
#working class #слой общества ниже среднего #жирийн иргэн #庶民 #동영상

풍속 사회에 속한 사람들에 옛날부터 전해 오는 생활.
#custom #обычай #ёс заншил #風俗 #동영상

여가 일을 하지 않는 시간. 또는 일을 하는 중간에 생기는 여유로운 시간.
#leisure #досуг #зав чөлөө #余暇 #동영상

지구 온난화 지구의 기온이 높아지는 현상.
#global warming #глобальное потепление #дэлхийн дулаарал #地球温暖化 #동영상

온실 효과 공기 중의 수증기, 이산화 탄소 등이 지구 밖으로 나가는 열을 흡수하여
지구의 온도를 높게 유지하는 작용.
#greenhouse effect #парниковый эффект #хүлэмжийн нөлөө #温室効果 #동영상

9과 문제 풀기

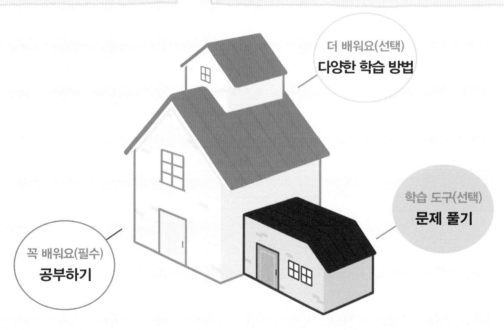

더 배워요(선택)
다양한 학습 방법

학습 도구(선택)
문제 풀기

꼭 배워요(필수)
공부하기

학습 목표

문제 해결 능력을 키운다.

문제 풀이 과정에서 범한 오류를 확인하고

정리하는 방법을 안다.

주제 확인하기

학습하기 1 문제 해결하기(수필의 특징)

학습하기 2 오류 확인하기(최소 공배수와 방정식)

문제 풀기

 과목별 공부법

국어

■ '단원의 길잡이'를 통해 각 단원에서 꼭 알아야 할 학습 목표 확인하기

■ 본문에서 글의 종류와 주제, 단락의 중심 문장 파악하기

수학

■ 공식을 외울 때는 단순히 암기하지 말고 그것이 나오기까지의 과정을 이해하기

■ 틀린 문제는 해결 과정과 정답을 정리해서 책상 앞에 붙여 두고 반복해서 풀어 보기

문제를 푸는 과정을 통해 공부할 때 놓친 내용이나 중요한 내용을 다시 한 번 확인할 수 있어요.

사회

■ 용어의 개념을 명확히 알고 암기하기

■ 문제의 내용과 관련 있는 범주가 무엇인지
찾고 그 범주에 속하는 내용들을 연결해서
생각하는 연습 하기

과학

■ 탐구 활동과 이미지를 통해 개념 익히기

■ 교과서에 나온 표와 그래프의 의미 이해하기

■■■■ **문제 풀기에서 문제 해결하기에 대해 알아봅시다.**

문제 해결하기란 문제의 원인을 밝히고 그 원인을 근거 삼아 해결 방안을 제시하는 것을 말한다.

자습 시간에 국어 문제집을 풀고 있다. '수필의 특징'을 묻는 문제가 나왔다. 분명히 공부했던 기억이 있다. 어떤 기억을 떠올려야 이 문제를 풀 수 있을지 생각해 보았다.

10. 수필의 특징으로 적절하지 <u>않은</u> 것은?

① 글쓴이가 직접 말하는 방식을 취한다.
② 특별한 형식에 얽매이지 않고 자유롭게 쓴다.
③ 자기 고백적이며 글쓴이의 개성이 잘 드러난다.
④ 현실을 반영하여 현실에 있을 법한 이야기를 꾸며 내는 것이다.
⑤ 글쓴이의 경험을 바탕으로 하여 감동이나 교훈을 전달하는 문학이다.

답이 뭐지?
수필에 대해서 공부했었는데.
다시 한번 떠올려 보자!

소설

문학

희곡

시

문제 해결하기

수필 → 개성적 → 고백적 → 형식의 자유로움 → 비전문적 → 다양한 소재 → 친숙한 이야기 → 재미, 감동, 비판

수필의 특징

일정한 형식을 따르지 않고 인생이나 자연 또는 일상생활에서의 느낌이나 체험에 대해 쓴 글을 수필이라고 한다. 수필의 가장 큰 특징은 형식이 자유롭고, 소재가 다양하며, 글쓴이의 인생관과 가치관이 담겨 있다는 점이다. 따라서 수필은 글쓴이의 개성을 아주 잘 나타낸다. 누구나 쓸 수 있는 비전문적인 글이기도 하고, 글쓴이가 겪은 일을 솔직하게 써서 감동을 주는 고백적인 글이기도 하다. 글쓴이의 생활 경험이 주된 글의 소재가 되기 때문에 친숙한 느낌을 준다. 또한 글쓴이의 재치와 독특한 관점이 잘 드러나기 때문에 독자에게 재미를 주기도 한다.

수필의 종류

수필은 형식에 따라 '생활 수필, 서간 수필, 기행 수필, 관찰 수필, 일기 수필, 비평 수필, 명상 수필'로 나뉘고 내용에 따라 '경수필'과 '중수필'로 나뉜다.
- **경수필** 가볍고 부드러운 내용의 수필. 사적이고 친밀한 내용이 주를 이룬다.
- **중수필** 무겁고 딱딱한 내용의 수필. 사회적이고 비판적인 내용이 주를 이룬다.

수필은 글쓴이가 실제로 겪은 일이나 느낀 것에 대해서 쓴 거야. 그러니까 답은 ④번이야. 수필에 대해서 미리 공부해 두어서 그런지 풀기가 훨씬 쉽네.

의사소통 4권 1과 '-어서 그런지'

어휘 확인하기

▨ 〈보기〉에서 알맞은 말을 골라 문장을 완성하세요.

〈보기〉

| 형식 | 현실 | 소재 | 독특 | 관점 |

(1) 이 제품은 (   )한 디자인으로 주목을 끌고 있다.

(2) 보는 (   )에 따라 같은 사람이라도 달리 보일 수 있다.

(3) 어느 시대에나 사랑을 (   )으로/로 한 노래들이 인기였다.

(4) 민우는 꿈을 (   )으로/로 만들기 위해 항상 노력하고 있다.

(5) 이 글은 (   )이/가 잘 갖추어져 있을 뿐만 아니라 내용도 충실했다.

내용 확인하기

▨ 다음 중 수필로 알맞지 <u>않은</u> 것을 고르세요.

① 과학 시간에 배운 내용을 정리한 글

② 고향에 계신 어머니와 주고받은 편지

③ 집에서 키우는 고양이에 대한 생각을 적은 글

④ 여행을 다녀온 후 인생에 대한 고민을 적은 글

기능 확인하기

■ 문제를 해결하기 위해서는 문제 해결의 단서가 되는 자료를 빠르게 찾는 것이 중요합니다.
■ 문제가 무엇인지 알았다면 문제를 해결하기 위한 단서를 찾아야 합니다.
■ 문제의 주제나 화제, 소재 등이 무엇인지 확인하고 해당 내용이 어떤 자료에 실려 있었는 지를 떠올립니다.
■ 어떤 자료에 해당 내용이 있었는지가 떠올랐다면 빠르게 해당 자료를 확인하여 문제의 해결 방안을 찾으면 됩니다.

▨ '경수필'과 '중수필'이 문제에 나왔습니다.

　학습하기 1에서 어느 부분을 확인해야 하는지 고르세요.

① 문학의 종류　　② 수필의 특징　　③ 수필의 형식　　④ 수필의 내용

활동하기

▨ 소설의 특징에 대해 찾아보세요.

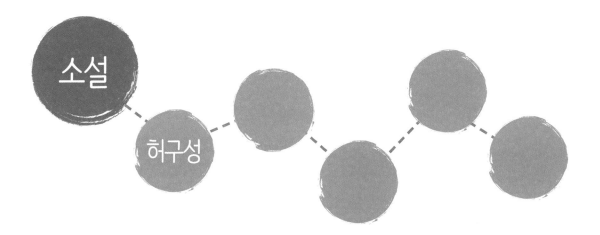

학습하기 2

■■■ **문제 풀기에서 오류 확인하기에 대해 알아봅시다.**

오류 확인하기란 어떤 것의 과정이나 결과에서 문제나 잘못된 점을 찾아내고 그에 대해서 분석해 보는 것을 말한다.

수학 시험을 보았다. 선생님께서 틀린 문제로 오답 노트를 작성해 오라고 하셨다. 어떤 문제를 틀렸고 그 문제를 왜 틀렸는지 오답 노트를 쓰면서 알아볼 것이다.

오답 노트

틀린 문제

오답 노트 작성 방법 ❶
틀린 문제 쓰기

　어느 마을의 한 농부가 세상을 떠나며 삼 형제에게 유언을 남겼다. 유언은 다음과 같았다.

　"유산으로 소를 남기니 첫째는 유산의 $\frac{1}{2}$, 둘째는 $\frac{1}{3}$, 셋째는 $\frac{1}{9}$을 나눠 갖도록 해라."

　삼 형제는 아버지의 유언에 따라 유산을 분배하여 집으로 돌아갔다. 농부의 집에는 한 마리의 소도 남아 있지 않았다. 마을 사람들의 말에 따르면 셋째는 원래 2마리를 데리고 갔어야 하는데 유언대로 소를 나누니 한 마리가 남았고 첫째와 둘째가 이 한 마리를 셋째한테 양보했다고 한다. 과연 농부는 삼 형제에게 몇 마리의 소를 남겨 준 것일까?

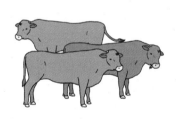

오답 노트를 작성해서 문제를 풀 때 어떤 오류가 있었는지 확인해야겠어.

오류 확인하기

오답 노트

풀이 과정

오답 노트 작성 방법 ❷
풀이 과정 쓰기

'2, 3, 9'의 공배수에는 '18, 36, 54, 72······'가 있다.

셋째는 유산의 $\frac{1}{9}$을 가지고 갈 수 있고 2마리를 가지고 갔다.

이것을 식으로 나타내면 다음과 같다. '$\chi \times \frac{1}{9} = 2$'.

이것을 계산하면 다음과 같다. '$\chi = 2 \times 9$', '$\chi = 18$'.

'18'은 '2, 3, 9'의 최소 공배수이며, 다음과 같은 계산이 가능하다.

'$18 \div 2 = 9$, $18 \div 3 = 6$, $18 \div 9 = 2$'.

'9'와, '6', '2'를 모두 합하면 '17'이 된다. 아버지의 유언대로 소를 나누었을 때 한 마리가 남았으니 농부가 삼 형제에게 유산으로 남긴 소는 모두 18마리이다.

틀린 이유

☐ 풀이를 잘못함   ☐ 문제를 이해하지 못함   ☐ 개념을 모름

오답 노트 작성 방법 ❸
틀린 이유 쓰기

수학 일기

이 문제는 최소 공배수와 방정식에 대해 알고 있으면 풀 수 있는 문제였다. 최소 공배수와 방정식은 모두 중학교 때 배운 내용이라서 잘 알고 있는 개념이었다. 따라서 어려운 공식이나 계산식을 써서 풀지 않아도 되는 문제였다. 그런데도 틀린 이유는 문제를 제대로 이해하지 못했기 때문이다. 쉬운 개념들로 이루어진 문제였지만 이야기로 되어 있다 보니 이해하기가 어려웠다. 다음부터는 문제를 풀 때 다양한 방식으로 접근해야겠다.

오답 노트 작성 방법 ❹
문제에 대한 일기 쓰기

이렇게 정리하니까 왜 틀렸는지 알겠어.
비슷한 문제가 나오면 이제 안 틀릴 것 같아.

어휘 확인하기

■ 〈보기〉에서 알맞은 말을 골라 문장을 완성하세요.

〈보기〉

| 분배 | 오류 | 공식 | 접근 | 최소 |

(1) 이 문제는 복잡하게 (   )할 필요가 없다.

(2) 1을 2로 잘못 봐서 계산에 (   )이/가 생겼다.

(3) 아버지는 우리 형제들에게 재산을 똑같이 (   )해 주셨다.

(4) 이 수학 (   )은/는 초등학교 학생도 알 수 있는 쉬운 것이다.

(5) 선생님이 말씀하신 작품을 모두 읽으려면 (   ) 한 달이 걸릴 것이다.

내용 확인하기

■ 학습하기 2의 내용과 <u>다른</u> 것을 고르세요.

① 농부는 삼 형제에게 유산으로 소를 남겼다.

② 이 문제는 방정식과 최소 공배수의 개념을 알면 풀 수 있다.

③ 이 문제는 농부가 삼 형제에게 남긴 소의 수를 맞히는 것이다.

④ 농부의 유언에 따라 유산을 분배하면 소는 한 마리도 남지 않는다.

기능 확인하기

■ 문제를 맞히는 것도 중요하지만 문제를 틀렸을 때 왜 틀렸는지를 아는 것이 더 중요합니다.

■ 문제를 틀리는 이유는 다양합니다.

■ 국어는 선택지를 논리적으로 해석하지 못해 틀리는 경우가 대부분입니다.

■ 수학 오류의 이유에는 '계산 실수, 문제 이해 부족, 개념 이해 부족, 응용력 부족' 등이 있습니다.

■ 사회와 과학에서 오류는 '개념 이해 부족, 단순 실수, 암기 부족' 등의 이유로 생깁니다.

▨ 다음 중 학습하기 2에서 수호가 문제를 틀린 이유로 알맞은 것을 고르세요.

① 풀이를 잘못함   ② 문제를 이해하지 못함   ③ 개념을 모름

활동하기

▨ 틀린 문제를 오답 노트에 정리해 봅시다.

'_____'의 오답 노트

틀린 문제	풀이 과정
틀린 이유	문제 일기

지식 더하기

국어

가치관 사람이 어떤 것의 가치에 대하여 가지는 태도나 판단의 기준.
#values #взгляды #үнэлэмж #価値観

독자 책이나 신문, 잡지 등을 읽는 사람.
#reader #читатель #уншигч #読者

교훈 행동에 도움이 되는 것을 가르침.
#lesson #наставление #сургаал #教訓

수학

등식 수학에서, 등호를 써서 왼쪽과 오른쪽의 값이 서로 같음을 나타내는 식.
#equation #линейное равенство #тэнцэтгэл #等式

방정식 아직 값이 밝혀지지 않은 수에 특정한 값을 주었을 때만 성립하는 등식.
#equation #уравнение #тэгшитгэл #方程式

생활 양식 한 사회나 집단에 속한 사람들이 공통적으로 가지고 있는 삶의 방식.
#lifestyle #образ жизни #амьдралын хэв маяг #ライフスタイル

역할 맡은 일 또는 해야 하는 일.
#role #роль #үүрэг #役割

해석 사물이나 행위 등의 내용을 판단하고 이해하는 일. 또는 그 내용.
#interpretation #интерпретация #тайлбар #解釈

지질 지구 표면을 이루고 있는 암석이나 땅의 성질이나 상태.
#geological features #геологические элементы #газрын шинж чанар #地質

지형 땅의 생긴 모양.
#topography #топография #газрын дүрс #地形

10과 발표하기

더 배워요(선택)
**위급 상황
대처 방법**

학습 도구(선택)
발표하기

꼭 배워요(필수)
**질병과 화재 상황에
대처하기**

학습 목표

발표의 과정에 대해 안다.

발표를 위한 효과적인 표현 방식에 대해 안다.

발표를 위해 자료를 정리하는 방법에 대해 안다.

주제 확인하기

학습하기 1 표현하기(물놀이 안전사고)

학습하기 2 재구조화하기(감염병 예방)

안전 및 보건에서 가장 중요한 것은 규칙을 사람들에게 널리 알리는 거예요. 정보를 널리 알리는 방법 중에 가장 효과적인 방법은 발표예요.

시청각 자료를 활용해 청중을 더욱 집중시킬 수 있다.

발표 자료 만들기

발표하기

실제로 발표하는 것처럼 미리 연습을 해 두면 좋다.

발표 태도

1 발표를 시작할 때 정중하게 인사를 한다.

2 자신 있는 목소리로 말한다.

3 듣는 사람들과 눈을 마주친다.

발표하기에서 표현하기에 대해 알아봅시다.

표현하기란 정보를 표현할 때 중요한 내용들이 어떻게 관련되어 있는지를 보여 주기 위해 시각적, 언어적, 상징적 표현 형태를 취하는 것을 말한다.

사회 시간에 '물놀이 안전사고'에 대해 발표하게 되었다. 발표문을 작성한 후 발표 내용을 친구들에게 효과적으로 전달할 수 있는 방법에 대해 생각해 보고자 한다.

'개념'을 잘 보여 줄 수 있는 그림이나 사진이 있으면, 발표를 보는 사람들이 그 개념을 쉽게 이해할 수 있어.

물놀이 안전사고
발 표 문

 발표를 들어 보세요.

1학년 2반 이 민 우

1. 물놀이 안전사고의 개념
- 물놀이 안전사고: 계곡, 해수욕장과 같은 장소에서 물놀이 중에 인명 피해나 재산 피해가 발생하는 사고를 말함.

숫자로 된 정보는 도표로 정리하면 보다 효과적으로 전달할 수 있어.

2. 물놀이 안전사고의 실태: 시기별 사고 현황
- 학생들의 방학 기간과 직장인들의 휴가철이 겹치는 8월 초에 가장 많은 사고 발생.
- 요일별로 보면 대부분의 물놀이 사고는 주말에 일어남.

1. 물놀이 안전사고의 개념

물놀이 안전사고

계곡, 해수욕장 등에서 물놀이 중에 인명 피해 또는 재산 피해가 발생한 사고.

계곡

해수욕장

2. 물놀이 안전사고의 실태

시기별 사고 현황

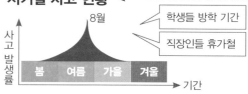

- 학생들의 방학 기간과 직장인들의 휴가철이 겹치는 8월 초에 가장 많은 사고 발생.
- 내부분의 물놀이 사고는 주말에 일어남.

표현하기

3. 물놀이 안전사고의 실태: 나이대별 사고 현황

숫자들의 관계를 확실히 보여 줘야 할 때는 그래프를 활용하면 돼.

나이대	10대 미만	10대	20대	30대	40대	50대	미상
사고율	8.9%	25.7%	23.8%	12%	13%	13%	3.6%

- 10대와 20대에서 사고가 집중됨: 지나친 모험심과 자만심에 의한 사고로 추측됨.
- 10대 미만의 사고도 적지 않음: 보호자의 부주의와 무관심이 원인으로 보임.

4. 물놀이 안전사고 예방법

중심이 되는 생각은 간결한 문장으로 표현하는 것이 가장 효과적이야.

- 물놀이 안전사고는 무엇보다 예방이 우선임.
- 수영을 하기 전에는 반드시 준비 운동을 해야 함.
- 장시간 수영하지 않으며 호수나 강과 같은 안전 요원이 없는 곳에서는 혼자 수영하지 않아야 함.

---

2. 물놀이 안전사고의 실태

▶ 나이대별 사고 현황

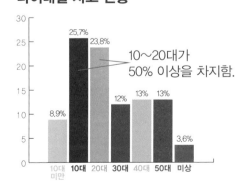

10~20대가 50% 이상을 차지함.

[10~20대] 지나친 모험심과 자만심에 의한 사고 다수 발생.

3. 물놀이 안전사고 예방법

물놀이 안전사고, 예방이 먼저

물놀이 안전 수칙
- 수영을 하기 전에 준비 운동은 필수.
- 장시간 수영하지 않으며 호수나 강에서는 혼자 수영하지 않는다.

학습하기 1 다지기

어휘 확인하기

▨ 〈보기〉에서 알맞은 말을 골라 문장을 완성하세요.

〈보기〉

필수	시기	다수	미만	차지

(1) 우리 반은 (　　　　)의 의견만큼 소수의 의견도 존중한다.

(2) 이번 설문에서는 긍정적인 응답이 육십 퍼센트를 (　　　　)했다.

(3) 이 대회는 만 18세 (　　　　)의 청소년이라면 누구나 참가할 수 있다.

(4) 이 (　　　　)에는 날씨가 건조하기 때문에 산불이 나지 않도록 주의해야 한다.

(5) 한 나라의 언어를 공부하기 위해서는 그 나라 문화에 대한 이해는 (　　　　)이다.

내용 확인하기

▨ 학습하기 1의 내용과 <u>다른</u> 것을 고르세요.

① 물놀이 안전사고는 주말에 많이 발생했다.

② 물놀이 안전사고는 8월 초에 가장 많이 발생했다.

③ 물놀이 중 발생하는 사고를 물놀이 안전사고라고 한다.

④ 물놀이 안전사고는 10대 미만에서 가장 많이 발생했다.

기능 확인하기

- 발표 내용에 따라 적절한 표현 방식을 선택하는 것이 중요합니다.
- 사진이나 그림을 통해 예를 들면 정보에 대한 이해도를 더욱 높일 수 있습니다.
- 도표와 그래프를 통해 정보를 보다 정확하게 전달할 수 있습니다.
- 강조하고 싶은 내용은 간결한 문장으로 제시하여 전달력을 더욱 높일 수 있습니다.

▨ 다음 중 학습하기 1에서 민우가 물놀이 안전사고 예방법에 대해 강조하기 위해 사용한 표현 방법으로 알맞은 것을 고르세요.

① 사진　　　　② 도표　　　　③ 그래프　　　　④ 간결한 문장

활동하기

▨ 다음 자료를 보고 어떤 방식으로 표현하면 좋을지 생각해 보세요.

물놀이 안전사고의 실태: 장소별 사고 현황

장소	사고 발생 비율
강	65.9%
해수욕장	15.4%
유원지	2.6%
기타	16.1%

학습하기 2

■ 발표하기에서 정보를 재구조화하는 방법에 대해 알아봅시다.

재구조화하기란 정보들을 통합하기 위해 기존의 지식 구조를 변화시키는 것을 말한다.

과학 시간에 '감염병 예방 방법'에 대해 발표하게 되었다. 발표 자료를 만들기 위해 '감염병 예방' 관련 정보를 교과서와 백과사전에서 조사했다. 이제 각각의 자료들에 있는 정보를 새롭게 구성하여 발표 자료를 만들면 된다.

자료 사이의 관계성을 확인해 볼까?

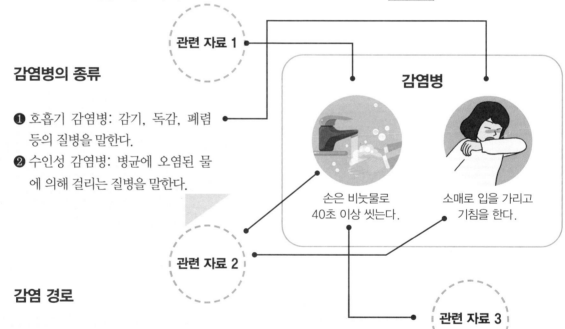

■ 자료 간의 관계성 확인하기

관련 자료 1

감염병의 종류

❶ 호흡기 감염병: 감기, 독감, 폐렴 등의 질병을 말한다.
❷ 수인성 감염병: 병균에 오염된 물에 의해 걸리는 질병을 말한다.

감염병

손은 비눗물로 40초 이상 씻는다.

소매로 입을 가리고 기침을 한다.

관련 자료 2

감염 경로

호흡기 감염병의 경우 감염된 사람의 침방울을 흡입하거나 병균에 오염된 손, 물건 등에 접촉하여 감염된다. 수인성 감염병의 경우 병균에 오염된 물을 마심으로써 감염된다.

관련 자료 3

비누의 특징

비누는 물로 씻기지 않는 기름 성질의 물질을 피부에서 분리할 때 탁월한 효과가 있는 성분으로 이루어져 있다.
따라서 비눗물로 손을 씻으면 손에 묻은 대부분의 물질들이 물에 <u>씻겨</u> 나간다. 이때 각종 세균이나 병균도 함께 씻겨 나간다.

의사소통 4권 2과 '피동법'

150 • 고등 학습 도구

■ **정보 재구조화하기**

정보들 사이의 관계가 파악되면 해당 정보들을 재구조화하여 새롭게 구성한다.

발표 자료

감염병 예방법

[흐르는 물에 비누로 손을 씻자]

❶ 손을 제대로 씻으면 호흡기 감염병, 수인성 감염병과 같은 대부분의 감염병을 예방할 수 있다.

❷ 이때 비누로 손을 씻어야 하는 이유는 비눗물이 손에 묻어 있는 때나 세균을 손에서 분리하는 능력이 탁월하기 때문이다.

❸ 따라서 손을 씻을 때는 손의 이곳저곳에 비눗물이 모두 묻을 수 있도록 꼼꼼히 충분한 시간을 들여 씻는 게 중요하다.

[기침을 할 때는 휴지나 옷소매로 입과 코를 가리자]

❶ 호흡기 감염병은 기침이나 재채기로 감염된다.

❷ 따라서 기침이나 재채기가 나오려고 할 때는 작은 침방울들이 공기 중에 흩어지지 않도록 입과 코를 가려야 한다.

❸ 그런데 이때 손으로 입과 코를 가리게 되면 세균들이 손에 묻게 되고, 바로 손을 씻을 수 없는 경우에는 이 손이 병을 옮기는 원인이 된다.

❹ 그러므로 기침을 할 때는 휴지나 옷소매, 마스크로 입과 코를 가리는 것이 호흡기 감염병 예방에 효과적이다.

어휘 확인하기

■ 〈보기〉에서 알맞은 말을 골라 문장을 완성하세요.

〈보기〉

경로	접촉	성분	분리	각종

(1) 이 음식점은 금연석과 흡연석을 (   )해 두었다.

(2) 온천물에는 피부에 좋은 (   )들이 많이 포함되어 있다.

(3) 도시에 살면 아무래도 자연과 (   )할 기회가 많지 않다.

(4) 숙제를 하기 위해 여러 (   )을/를 통하여 정보를 수집하고 있다.

(5) 최근 건강에 관한 관심이 높아지면서 (   ) 채소의 소비가 늘고 있다.

내용 확인하기

■ 학습하기 2의 내용과 같은 것을 고르세요.

① 호흡기 감염병은 오염된 물을 통해 감염된다.

② 기침을 할 때는 소매로 입과 코를 가려야 한다.

③ 물을 통해 감염되는 병에는 감기, 독감 등이 있다.

④ 비누에는 손에 있는 병균을 죽여서 없애는 효과가 있다.

기능 확인하기

- 유익한 발표는 서로 다른 각각의 정보가 어떻게 연계되는지, 연관된 정보들을 통해 새롭게 무엇을 알 수 있는지를 보여 줄 수 있어야 합니다.
- 요즘처럼 정보가 넘치는 시대에는 정보들의 연관성을 밝혀 새로운 정보를 찾아내는 것이 중요합니다. 특히 발표에서는 기존의 믿을 만한 정보들을 조합하여 연관성을 찾는 과정을 통해 새로운 정보를 보여 주는 것이 필요합니다.

▨ 다음 〈보기〉의 정보가 어떤 자료들을 재구조화한 것인지 모두 고르세요.

〈보기〉

손을 제대로 씻으면 대부분의 감염병을 예방할 수 있다. 이때 비누로 손을 씻어야 하는 이유는 비눗물이 손에 묻어 있는 때나 세균을 손에서 분리하는 능력이 탁월하기 때문이다.

① 관련 자료 1   ② 관련 자료 2   ③ 관련 자료 3

활동하기

▨ 두 정보를 재구조화하여 새롭게 글을 써 보세요.

관련 자료

감염 예방법

음식물을 익혀 먹는다.

병균의 특징

대부분의 병균은 100도 이상에서 죽어 사라진다.
일상에서 피부로 몸속에 들어오는 병균은 많지 않으며
대부분의 병균은 입이나 코를 통해 몸속에 들어온다.

_____

_____

_____

지식 더하기

국어

도표 어떤 사실이나 주어진 자료 등을 분석하여 그 관계를 알기 쉽게 나타낸 표.
#chart #схема #диаграмм #図表

강조 어떤 것을 특히 두드러지게 하거나 강하게 주장함.
#emphasis #акцент #чухалчлах #強調

의도 무엇을 하고자 하는 생각이나 계획.
#intention #намерение #санаа #意図

수학

필요조건 어떤 명제가 성립하는 데 필요한 조건.
#necessary condition #необходимый критерий #шаардлага бухий болзол
#必要条件

충분조건 어떤 명제가 성립하는 데 충분한 조건.
#sufficient condition #хангалттай болзол #十分条件

사회

자연재해 태풍, 가뭄, 홍수, 지진, 화산 폭발 등의 피할 수 없는 자연 현상으로
인해 받게 되는 피해.
#natural disaster #стихийное бедствие #байгалийн гамшиг #自然災害

통계 어떤 경우의 수나 횟수를 모두 합해서 일정한 체계에 따라 수치로 나타냄.
또는 그런 것.
#statistics #статистика #тоо бүртгэл #統計

헌법 국가를 통치하는 기본 원리이며 국민의 기본권을 보장하고, 다른 것으로 대체
할 수 없는 최고 법규.
#constitution #конституция #үндсэн хууль #憲法

과학

바이러스 유행성 감기, 소아마비 등의 감염성 병원체가 되는 아주 작은 미생물.
#virus #вирус #вирус #ウィルス

세균 사람들을 병에 걸리게 하거나 음식을 썩게 하는 아주 작은 생물.
#bacteria #микроб #бактери #細菌

11과 토론하기

더 배워요(선택)
우리들의 고민

학습 도구(선택)
토론하기

꼭 배워요(필수)
**고민에 대한
조언 구하기**

학습 목표	토론의 절차와 방법에 대해 안다.
	토론에서 질문의 역할에 대해 안다.
	토론에서 진위를 확인하는 방법에 대해 안다.

주제 확인하기	**학습하기 1** 질문하기(행복의 조건)
	학습하기 2 진위 확인하기(대기 오염)

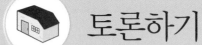

토론하기

1 토론이란

토론은 어떤 문제에 대해 찬성과 반대의 의견을 말하며 논의하는 것이에요. 토론을 하기 위해서는 토론 주제, 토론자, 사회자, 토론 규칙이 있어야 해요. 그리고 청중이나 판정단이 있는 경우도 있어요.

2 토론의 진행 과정

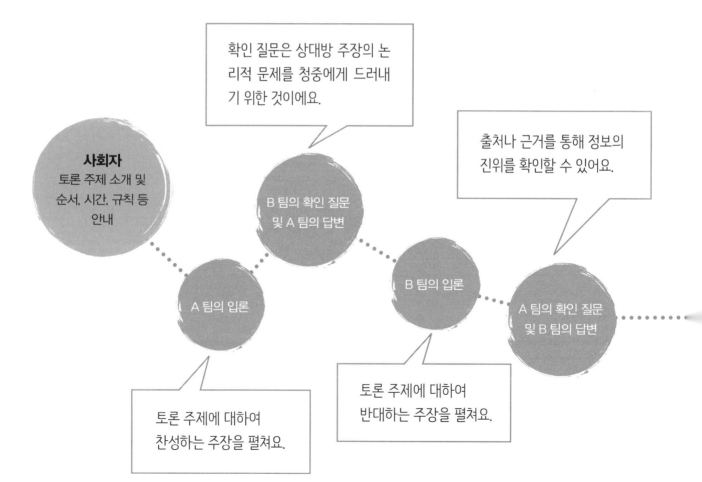

확인 질문은 상대방 주장의 논리적 문제를 청중에게 드러내기 위한 것이에요.

출처나 근거를 통해 정보의 진위를 확인할 수 있어요.

사회자
토론 주제 소개 및 순서, 시간, 규칙 등 안내

B 팀의 확인 질문 및 A 팀의 답변

A 팀의 입론

B 팀의 입론

A 팀의 확인 질문 및 B 팀의 답변

토론 주제에 대하여 찬성하는 주장을 펼쳐요.

토론 주제에 대하여 반대하는 주장을 펼쳐요.

토론을 통해서 사회적인 문제와 개인적 고민에 대해 더 잘 이해할 수 있고 해결책도 찾을 수 있어요.

 토론의 자세

사회자는 토론자에게 질문을 하고 토론에서 나온 발언 등을 요약하면서 토론을 진행해요.
사회자의 중요한 자세는 공평함과 공정함이에요. 찬성쪽과 반대쪽에 말할 기회를 공평하게 주고, 공정하게 토론을 이끌어 가야 해요.

토론자는 서로 존중하면서 정중하고 예의 바른 태도로 토론을 해야 해요.
상대 토론자를 비꼬거나 공격하는 말투를 쓰면 안 돼요. 상대 토론자가 말을 하고 있는데 끼어들거나 말을 잘라서는 안 돼요.

사회자

토론자

자신의 주장을 보강 및 정리하고 상대방 주장에 대해 반박을 해요.

사회자는 토론 내용을 정리하여 발표한 후 토론을 마무리해요. 이때 청중들의 반응을 들어 볼 수 있어요.

입론과 질문 및 확인 과정을 한 번 더 반복할 수 있어요.

A 팀의 반론

B 팀의 반론

사회자의 토론 마무리

자신의 주장을 보강 및 정리하고 상대방 주장에 대해 반박을 해요.

반론 과정을 한 번 더 반복할 수 있어요.

학습하기 1

토론하기에서 질문하기에 대해 알아봅시다.

질문하기란 어떤 내용에 대해 모르거나 알고 있던 사실과 다를 때 묻는 것을 말한다. 또한 해당 내용에 대해 다시 확인할 필요가 있을 때 묻는 것을 말한다.

수업 시간에 행복의 조건에 대해 토론하게 되었다. 물질적 풍요와 정신적 만족 중 어떤 것이 더 중요한지에 대해 두 팀으로 나누어 토론한다. 토론 과정에서 어떻게 질문하는지 살펴보자.

② A 팀의 입론

저는 행복이 물질적 풍요에서 온다고 생각합니다. 사람들은 따뜻한 방, 편안한 침대에서 쉴 때 행복하다고 말합니다. 이런 것들이 모두 물질이 풍족할 때 느낄 수 있는 행복이죠. 사람들은 보통 물질적으로 풍족하지 못할 때 자신이 불행하다고 느끼게 됩니다. 정부의 복지 정책이 대부분 경제적 지원인 것도 이러한 이유 때문이죠.

④ A 팀의 대답

최소한의 물질적 충족을 말합니다. 인간은 절대적 빈곤 속에서 행복을 추구하기 어렵습니다. 그래서 행복을 이야기하려면 절대적인 빈곤을 극복한 단계인 최소한의 물질적 충족이 이루어져야 합니다.

⑥ A 팀의 질문

그럼 행복 지수가 높다는 것이 물질적인 것은 하나도 중요하지 않고 오직 정신적인 것만으로 행복감을 느낀다는 것인가요?

질문하기

① 사회자의 주제 소개

여러분은 행복의 조건이 무엇이라고 생각하십니까? 오늘은 '행복의 조건'에 대해 의견을 나눠 보도록 하겠습니다. 토론 순서를 말씀드리면 먼저 물질적 풍요에 대한 의견 제시, 그에 대한 반대편의 질문, 다시 그에 대한 답변의 순서로 진행되겠습니다. 그리고 바로 이어서 정신적 만족에 대한 의견을 듣고 반대편 질문과 그에 대한 답변을 듣겠습니다.

③ B 팀의 질문

여기에서 물질적 풍요가 중요하다는 것은 다른 사람보다 많이 갖는 것을 말하는 건가요? 아니면 최소한의 물질적 충족을 말하시는 건가요?

민우

유미

⑤ B 팀의 입론

과거에는 어떤 나라가 살기 좋은 나라인가를 평가하는 기준으로 경제 성장 지표를 중요하게 생각했습니다. 그런데 최근에는 행복 지수라는 것으로 살기 좋은 나라인지를 판단하기 시작했습니다. 정신에서 오는 행복에 대한 중요성을 인식한 것이죠. 행복 지수는 심리, 시간, 공동체, 문화 등을 기준으로 하는 새로운 지표입니다. 이러한 행복 지수를 국가 운영에 적극적으로 적용한 예가 바로 부탄입니다. 부탄은 경제적으로 아주 부유한 나라는 아니지만 행복 지수 조사에서는 1위를 차지했습니다. 이는 물질이 인간의 행복을 위해 가장 중요한 것이 아니라는 것을 잘 보여 주는 사례입니다.

■ 질문은 짧은 대답이 나올 수 있거나 '네' 또는 '아니요'로 답할 수 있게 하는 것이 좋다. 그렇지 않고 열린 질문을 하게 되면 상대 토론자가 자신의 의견을 주장하는 데 시간을 사용할 수 있다.

■ 상대방이 주장하는 내용에서 타당성이 떨어진다고 판단되는 내용에 대해서 확인하는 질문을 한다.

⑦ B 팀의 대답

물론 그건 아닙니다. 물질적인 것도 무시할 수 없죠. 하지만 그것은 상대적인 것입니다. 진정한 행복은 자기 스스로 만족감을 느낄 수 있을 때 온다는 것입니다.

학습하기 1 다지기

어휘 확인하기

■ 〈보기〉에서 알맞은 말을 골라 문장을 완성하세요.

> 〈보기〉
>
> 충족   정책   지원   추구   성장

(1) 청소년기는 (   )이/가 매우 빠른 시기이다.

(2) 사람은 저마다 개인의 행복을 (   )하기 마련이다.

(3) 구성원들의 다양한 욕구를 모두 (   )시킬 수 없다.

(4) 정부는 경제 발전을 위한 새로운 (   )을/를 발표했다.

(5) 각 지자체에서는 홍수로 인해 피해를 입은 주민들에게 생필품을 (   )했다.

내용 확인하기

■ 다음 행복의 조건 중 물질적인 것에는 □, 정신적인 것에는 ○를 해 보세요.

①
내 방 서랍에
수북이 쌓인
적금 통장

②
사랑하는
사람과 함께
하는 시간

③
생각하면
저절로 웃음이 나는
가족들과의 추억

④
나에 대한
사람들의
좋은 평가

⑤
안전이
보장된 집

기능 확인하기

'질문하기'를 통해 주장의 허점을 찾을 수 있고, 토론의 내용을 보완할 수도 있습니다. 질문을 할 때 가장 중요한 것은 질문의 내용이 짧으면서도 질문의 의도가 분명해야 한다는 것입니다.

▨ 다음 중 학습하기 1에서 세인이 질문을 한 이유로 알맞은 것을 고르세요.

그 말은 행복 지수가 높다는 것이 물질적인 것은 하나도 중요하지 않고 오직 정신적인 것만으로 행복감을 느낀다는 것인가요?

① 상대방의 말에 허점이 있어서

② 상대방의 말을 잘 이해하지 못해서

③ 상대방이 말한 내용을 제대로 듣지 못해서

④ 상대방이 말한 내용이 알고 있는 사실과 달라서

활동하기

▨ '학교 폭력 해결을 위해 교실에 CCTV를 설치해도 되는가?'라는 주제로 토론을 하고 있습니다. 찬성 측의 입론을 읽고 그에 대한 질문을 써 보세요.

교실 안에 CCTV를 설치하면 교실 상황을 지켜보는 것이 가능하기 때문에 학교 폭력을 방지하는 효과가 있을 것입니다.

학습하기 2

토론하기에서 진위 확인하기에 대해 알아봅시다.

> 진위 확인하기란 어떤 사실이 참인지 거짓인지를 확인함으로써 의견이나 주장이 진실임을 밝히는 것을 말한다.

> 수업 시간에 대기 오염의 해결 방안에 대해 토론하고 있다. 나나와 수호는 해외에서 시도된 적 있는 방안을 하루라도 빨리 국내에 도입하여 대기 오염을 해결해야 한다고 주장하고 있다. 민우와 유미는 반대편에 서서 정보의 진위를 확인하고 주장의 문제점을 지적하며 반론을 할 것이다.

자료의 진위 확인 방법

■ 상대방 주장의 근거를 반박할 수 있는 자료를 제시하여 진위를 확인하고 허점을 드러낼 수 있다.

■ 상대방 주장의 근거 자료 출처나 제시된 자료의 사실 여부를 확인하여 진위를 드러낼 수 있다.

■ 통계 자료나 설문 조사 결과의 경우 조사의 신뢰성을 확인하여 진위를 드러낼 수 있다.

나나

최근 대기 오염이 심한 한 나라에서 100 미터에 달하는 대형 공기 청정기를 설치해 효과를 보고 있다고 합니다. 그래서 지역별로 더 큰 공기 청정기를 설치하여 대기 오염을 획기적으로 줄일 계획을 가지고 있다고 합니다. 우리도 이런 시설을 설치 운영을 해서 미세 먼지를 빨리 줄이는 것이 좋다고 생각합니다.

저도 그 대형 공기 청정기와 관련해서는 여러 매체를 통해 정보를 접했습니다. 그런데 그것이 정말로 효과가 있나요? 제가 찾은 신문 기사 자료에 따르면 실제로 공기가 깨끗해지는 곳은 대형 공기 청정기가 설치된 곳 주변뿐이라고 합니다. 그나마 오염이 아주 심한 기간에는 사용을 중단한 적이 많고요. 또한 뉴스 인터뷰에서는 시민들이 공기 청정기의 효과를 느낀 적이 별로 없다고도 합니다. 그러니 도시 전체가 확실한 효과를 보려면 얼마나 많은 공기 청정기가 있어야 할지 짐작도 가지 않네요. 대형 공기 청정기 설치에 대해서는 보다 많은 검토가 필요한 것 같습니다.

민우

진위 확인하기

세인

그럼 프랑스의 사례는 어떤가요? 프랑스의 경우 도시의 미세 먼지를 줄이기 위해 자동차의 미세 먼지 배출량에 따라 등급을 매겼다고 합니다. 그리고 일부 등급의 차량은 도시 출입을 제한한다고 합니다. 얼마 전 기사에 따르면 한국에서도 비슷한 제도를 도입하기 위해 검토 중이라고 하네요. 이렇게 다른 나라에서 시행되고 있는 좋은 정책의 경우 국내 도입을 적극적으로 검토하는 태도가 필요하다고 생각합니다.

유미

파리에서 자동차 배출 가스에 따라 등급제를 시행하고 있죠. 기사에 따르면 독일이나 다른 유럽 국가에서도 시행하고 있다고 하고요. 한국의 경우 서울에서 이와 비슷한 제도를 준비하고 있다고 하네요. 저 역시 환경을 위한 다양한 시도는 좋다고 봅니다. 다만 어떤 정책을 새롭게 만든다거나 다른 나라의 좋은 사례를 받아들이기 전에 우선 해당 정책이 우리나라 현실에 맞는가를 충분히 고찰해야 한다고 생각합니다. 우리는 뉴스나 신문 등에서 실패한 정책이 얼마나 많은 경제적 손해로 이어지는지 확인한 바 있습니다. 또한 정책의 실패가 단순히 경제적 손해에서 끝나는 것이 아니라 문제를 더 악화시킨 경우도 있었고요. 현 시점에서 중요한 것은 국내 실정에 맞는 정책을 개발하고 그것의 실효성을 시험하는 게 아닌가 합니다.

의사소통 4권 2과 '-는다거나'

11과 토론하기 • 165

학습하기 2 다지기

어휘 확인하기

▨ 〈보기〉에서 알맞은 말을 골라 문장을 완성하세요.

> 〈보기〉
>
> | 획기적 | 도입 | 신뢰 | 매체 | 개발 |

(1) 한 번 무너진 (　　　)을/를 다시 회복하기란 어렵다.

(2) 새로운 치료제가 국내 연구진에 의해 (　　　)되었다.

(3) 그 회사의 제품은 각종 언론 (　　　)을/를 통해 홍보되고 있다.

(4) 환경 문제를 해결하기 위한 (　　　)인 방안을 찾고 있는 중이다.

(5) 불교는 외래 사상 중에서 우리나라에 가장 먼저 (　　　)되었습니다.

내용 확인하기

▨ 학습하기 2의 내용과 같은 것을 고르세요.

① 대형 공기 청정기는 오염이 아주 심한 기간에만 사용된다.

② 독일이나 다른 유럽 국가에도 대형 공기 청정기가 설치되었다.

③ 프랑스에서는 미세 먼지 배출량에 따라 자동차에 등급을 매겼다.

④ 한국의 경우 미세 먼지 배출량이 많은 자동차는 도시 출입이 제한된다.

기능 확인하기

'진위 확인하기'를 통해 토론에서 제기한 주장이 사실인지 아닌지 확인할 수 있습니다. '진위'는 자료의 출처를 밝히거나 확실한 근거를 제시함으로써 확인할 수 있습니다. 이 과정을 통해 토론 주제의 가치나 의의 등도 파악할 수 있습니다.

▨ 학습하기 2에서 민우가 대형 공기 청정기의 실효성에 대한 진위를 확인하기 위해 무엇을 근거로 삼았습니까? 알맞은 것을 고르세요.

① 매체 정보를 근거로 삼았다.
② 연구 결과를 근거로 삼았다.
③ 통계 자료를 근거로 삼았다.
④ 전문가 의견을 근거로 삼았다.

활동하기

▨ 다음 주장에 진위를 확인하기 위한 질문을 해 보세요.

플라스틱에 의한 환경 오염이 심각합니다. 플라스틱은 자연 분해되는 데 시간이 많이 걸립니다. 최근 한 커피 회사에서 플라스틱에 의한 환경 오염을 막기 위해 빨대를 종이로 만들고 있다고 합니다. 이를 법으로 만들어 모든 커피 회사가 빨대를 종이로 만들게 하면 플라스틱으로 인한 오염이 개선될 것이라고 봅니다.

지식 더하기

국어

소통 오해가 없도록 뜻이나 생각이 서로 잘 통함.
#communication #общение #ойлголцох #疏通

상호 작용 짝을 이루거나 관계를 맺고 있는 이쪽과 저쪽 사이에서 이루어지는 작용.
#interaction #взаимодействие #харилцан үйлчлэл # 相互作用

쟁점 서로 다투는 데 중심이 되는 내용.
#bone of contention #яблоко раздора #гол асуудал #争点

수학

원소 수학에서, 집합을 이루는 낱낱의 요소.
#element #элемент #элемент #要素

불연속 죽 이어지지 않고 중간에 끊어져 있음.
#discontinuity #отрывистый #тасархай #不連続

인권 인간으로서 당연히 가지는 기본적인 권리.
#human rights #права человека #хүний эрх #人権

국내 총생산 국민 총생산에서 해외로부터의 순소득을 제외한 지표.
#gross domestic product #валовой внутренний продукт
#дотоодын нийт бүтээгдэхүүн #国内総生産

평화 전쟁이나 다툼 등의 갈등이 없이 조용하고 화목함.
#peace #мир #энх тайван #平和

생태계 일정한 지역이나 환경에서 여러 생물들이 서로 적응하고 관계를 맺으며
어우러진 자연의 세계.
#ecosystem #экосистема #экосистем #生態系

암 생물의 조직 안에서 세포가 자라나서 점점 주위의 조직이나 장기로 번져 가며
악성 종양을 일으키는 병.
#cancer #рак #хорт хавдар #癌

12과 실험하기

더 배워요(선택)
**재미있는
수업 활동**

학습 도구(선택)
실험하기

꼭 배워요(필수)
**실습 및 실기 수업의
과정 설명하기**

학습 목표	실험 과정에 대해 안다.
	실험을 통해 가설을 증명하는 방법에 대해 안다.
	실험을 통해 서로 다른 물질을 비교하는 방법에 대해 안다.

주제 확인하기	**학습하기 1** 증명하기(유목민)
	학습하기 2 비교하기(산과 염기)

실험 과정

대상을 관찰하고 의문을 가지는 단계예요.

의문을 가진 문제에 대한 해답을 미리 만들어 보는 것이에요.

1 문제 인식

2 가설 설정

가설 X

가설 O

5 실험 결과 분석

6 결론 도출

실험 분석 결과가 가설과 일치하면 결론을 내리고 보고서를 작성해요.

실습을 통해 우리가 알고 있던 것이 사실인지를 확인할 수 있는 것처럼 공부를 하면서 생기는 의문은 실험을 통해 확인하고 증명할 수 있어요.

가설을 확인하고 증명하기 위한 방법과 과정을 정하는 것이에요.

좋은 가설이란

가설을 설정할 때는 이런 점들을 유의해야 해요.

3

실험 설계

4

실험 수행

설계한 방법과 과정대로 실험을 하는 것이에요. 실험 과정을 자세히 기록하고 수행 과정에서 나오는 자료와 데이터를 빠짐없이 수집해요.

■ **검증 가능성**
관찰, 관측, 실험을 통해 검증이 가능해야 해요.

■ **검증 필요성**
이미 누구에게나 받아들여져서 검증할 필요가 없는 것을 가설로 세우면 안 돼요.

■ **변수 간 명확한 관계**
예) 'A'가 변하면 'B'도 변한다.
　　'A'가 증가할 때 'B'는 감소한다.

■ **가치 중립적 진술**
가치 판단이 들어가서는 안 돼요.

학습하기 1

실험하기에서 증명하기에 대해서 알아봅시다.

증명하기란 어떤 일에 대한 판단이나 주장, 가설이 진실인지 아닌지 근거를 들어 밝히는 것을 말한다.

유목 민족이 기후가 건조하고 땅이 척박한 지역에서 살았다는 것을 증명하기 위해 사례 조사를 하였다.

> 유목민은 농사를 지을 수 없을 정도로 기후가
> 건조하고 땅이 척박한 지역에 살았다.

증명하는 방법

- 실험을 통해 증명하는 방법
- 사례를 수집하여 제시하는 방법
- 통계 데이터를 분석하는 방법
- 전문가의 의견이나 권위 있는 서적을 인용하는 방법
- 직접 현장을 확인하여 근거를 확보하는 방법

위의 내용을 확인하기 위해 유목 민족 목록을 만들고 그중 무작위로 일부 유목 민족을 선정하여 그들이 <u>살던</u> 지역에 대한 사례를 수집해 보았다.

의사소통 4권 2과 '-던'

유목 민족: 사미족, 투아레그족, 베두인족, 몽골족

사례 1

북유럽의 사미족

사미족은 노르웨이, 스웨덴, 핀란드 등 북유럽 국가와 러시아 북서부에 살았다. 이 지역은 비가 적게 오고 1년 중 대부분이 얼음이나 눈으로 덮여 있어 땅이 매우 척박하다. 농사를 지을 수 없던 사미족은 순록을 키우며 생활했다.

증명하기

사례 2

서아시아의 베두인족

베두인족은 시리아, 이란, 아라비아, 아프리카 북부 등의 건조한 지역에 살았다. 농사를 지을 수 없는 지역이므로 비가 오는 계절에는 사막에, 건조기에는 물이 풍부한 지역으로 이동하여 살았다. 주로 낙타, 소, 양, 산양 등을 키웠다.

사례 3

동북아시아의 몽골족

몽골족은 몽골, 중국의 네이멍구 자치구에 살고 있다. 몽골은 비가 적게 내리고 농사를 지을 수 있는 땅이 거의 없으며 대부분 초원 사막으로 이루어져 있다. 양, 염소, 낙타 등을 키우며 생활했다.

사례 4

서아프리카의 투아레그족

투아레그족은 사하라 사막에서 나이지리아, 수단 등 서아프리카의 건조 지대에 걸쳐 살았다. 농사를 지을 수 없는 지역이므로 낙타를 키우며 생활했다.

증명

네 가지 사례를 통해 유목 민족이 척박하고 건조한 지역에서 살았다는 사실을 확인할 수 있었다. 이를 통해 기후가 건조하고 땅이 척박한 지역에서는 농사를 짓기 힘들어서 유목이라고 하는 생활 방식을 선택할 수밖에 없었다는 것을 알 수 있었다.

어휘 확인하기

■ 〈보기〉에서 알맞은 말을 골라 문장을 완성하세요.

> **〈보기〉**
>
> | 선정 | 무작위 | 증명 | 인용 | 확보 |

(1) 그 과학자는 자신의 주장을 실험을 통해 (　　　　)하였다.

(2) 이 사업을 위한 예산을 (　　　　)하기 위해 노력하고 있다.

(3) 교장 선생님께서는 말씀하실 때 유명한 사람의 명언을 자주 (　　　　)하신다.

(4) 학교에서는 학생들을 대상으로 투표를 실시하여 수학여행지를 (　　　　)했다.

(5) 수학 선생님은 수업 시간에 (　　　　)으로/로 학생을 뽑아 수학 문제를 풀게 하신다.

내용 확인하기

■ 학습하기 1의 내용과 같은 것을 고르세요.

① 사미족은 북아프리카 지역에 살았다.

② 투아레그족은 주로 순록을 키우며 살았다.

③ 몽골족은 초원 사막에서 양을 키우며 살았다.

④ 베두인족은 눈이 많이 내리는 지역에서 살았다.

기능 확인하기

실험도 증명을 위한 하나의 과정이라고 볼 수 있습니다.
어떤 일에 대한 판단이나 주장, 가설이 진실인지 아닌지 근거를 들어 밝히는 것을 증명하기라고 합니다.
모든 실험은 어떤 가설이나 명제가 사실인지 확인하는 과정입니다. 이 과정을 통해 우리는 새로운 사실을 알기도 하고 기존에 잘못 알고 있었던 정보를 수정할 수도 있습니다.

▨ 다음 중 학습하기 1에서 사실을 증명을 하기 위해 사용한 방법으로 알맞은 것을 고르세요.

① 실험을 통해 증명하는 방법

② 통계 데이터를 분석하는 방법

③ 사례를 수집하여 제시하는 방법

④ 직접 현장을 확인하여 근거를 확보하는 방법

활동하기

▨ 다음을 증명하기 위한 사례들을 찾아보세요.

> 벼농사가 잘되는 지역에는 큰 강이 있을 것이다.

학습하기 2

실험하기에서 비교하기에 대해서 알아봅시다.

비교하기란 사물들 간의 유사점과 차이점을 확인하는 것을 말한다.

수업 시간에 '산과 염기'에 대해서 배웠다. 생활 속에서 구할 수 있는 것들을 활용해 산성과 염기성을 비교하는 실험을 진행해 보았다.

- 비교는 무엇과 무엇이 어떻게 다르고 비슷한 지를 확인하는 과정이다. 이 과정을 통해 비교되는 대상들 각각의 특징을 알 수 있다.

- 실험에서 무언가를 비교하기 위해서는 기본적으로 비교하는 대상 외에 모든 조건이 동일해야 한다. 따라서 비교 대상 외에 다른 변인이 없도록 조건을 통제해야 한다.

- 실험을 통해서 얻은 결과는 표나 그래프로 작성하여 제시하면 효과적으로 드러낼 수 있다.

- 비교 대상들의 어떤 점들을 비교해야 하는지 정한다.

실험 준비

먼저 산과 염기가 어떤 차이가 있는지 표로 정리해 보자.

	산	염기
pH	1~6	8~14
맛	신맛	쓴맛
리트머스 종이	푸른색 ➡ 붉은색	붉은색 ➡ 푸른색
성질	대리석이나 달걀 껍데기를 녹인다.	삶은 달걀의 흰자나 두부를 녹인다.

0	1	2	3	4	5	6	7	8	9	10	11	12	13	14

산성 ⟵ ⟶ 염기성

물은 pH 7로 중성이고 7보다 숫자가 낮을수록 강한 산성을 띠고, 7보다 숫자가 높을수록 강한 염기성을 띤다.

생활 속 물질이 어떤 성질을 띠는지 알아보자.

준비물 레몬즙, 비눗물, 달걀 껍데기, 두부, 유리컵, pH 시험지, 푸른색 리트머스 종이, 붉은색 리트머스 종이

비교하기

실험 과정

■실험 1(pH 시험지)
레몬즙에 pH 시험지를 담갔더니 주황색이 되었다. 비눗물에 pH 시험지를 담갔더니 보라색이 되었다.

■실험 2(리트머스 종이)
레몬즙에 붉은색 리트머스 종이를 담갔다. 아무런 변화가 없었다. 반대로 푸른색 리트머스 종이를 담갔다. 푸른색 리트머스 종이가 붉은색으로 변했다. 비눗물에 붉은색 리트머스 종이를 담갔다. 붉은색 리트머스 종이가 푸른색으로 변했다. 반대로 푸른색 리트머스 종이를 담갔다. 아무런 변화가 없었다.

■실험 3(달걀 껍데기)
두 개의 유리컵에 각각 레몬즙과 비눗물을 부은 후 달걀 껍데기를 담갔다. 이틀 후 레몬즙과 비눗물 각각에 담겨 있는 달걀 껍데기를 관찰한 결과 레몬즙에 있는 달걀 껍데기는 녹아 있는 데 반해 비눗물에 담겨 있는 달걀 껍데기는 아무 변화가 없었다.

■실험 4(두부)
두 개의 유리컵에 각각 레몬즙과 비눗물을 부은 후 두부를 담갔다. 이틀 후 레몬즙과 비눗물 각각에 담겨 있는 두부를 관찰한 결과 레몬즙에 있는 두부는 변화가 없는 데 반해 비눗물에 담겨 있는 두부는 녹아 있었다.

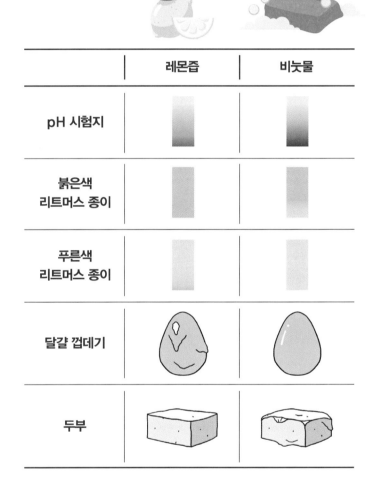

	레몬즙	비눗물
pH 시험지		
붉은색 리트머스 종이		
푸른색 리트머스 종이		
달걀 껍데기		
두부		

결과를 쉽게 비교하기 위해 다시 표로 정리해 보자.

실험 결과

실험 결과 레몬은 산성, 비눗물은 염기성인 것을 알 수 있다.

어휘 확인하기

■ 〈보기〉에서 알맞은 말을 골라 문장을 완성하세요.

〈보기〉

유사	차이	활용	기본	통제

(1) 두 사람은 형제처럼 외모가 (   )하다.

(2) 대사를 잘하는 것은 연극 연기의 (   )이다.

(3) 그들은 서로의 문화적 (   )을/를 극복하고 결혼했다.

(4) 갑자기 내린 폭우로 도로가 물에 잠기면서 통행이 (   )되고 있다.

(5) 컴퓨터의 기능을 충분히 (   )하기 위해서는 미리 교육을 받을 필요가 있다.

내용 확인하기

■ 학습하기 2의 내용과 같은 것을 고르세요.

① 염기성 물질은 신맛이 난다.

② 산성은 삶은 달걀이나 두부를 녹인다.

③ pH 시험지에서 0에 가까울수록 강한 염기성이다.

④ 푸른색 리트머스 종이는 산성을 만나면 붉은색으로 변한다.

기능 확인하기

실험에서 비교는 가장 기초적이고 쉬운 방법입니다.
비교는 무엇과 무엇이 어떻게 다르고 비슷한지를 확인하는 과정입니다. 이 과정을 통해 비교되는 대상들 각각의 특징을 알 수 있습니다. 실험에서 무언가를 비교하기 위해서는 기본적으로 비교하는 대상 외에 모든 조건은 동일해야 합니다. 이는 바뀌지 않는 조건이 비교 시에 준거가 되기 때문입니다.

■ 다음 중 실험에서 비교하기를 할 때 알아야 할 사항으로 알맞지 <u>않은</u> 것을 고르세요.

① 비교하기를 통해 얻는 모든 정보는 유의미하다.

② 대상의 어떤 것들을 비교할 것인지 정해야 한다.

③ 실험 대상을 제외하고 모든 조건은 동일해야 한다.

④ 실험 결과를 표나 그래프로 작성하면 비교하기 쉽다.

활동하기

■ 두 가지 물질을 비교해 '산과 염기'를 구분해 보세요.

지식 더하기

계승 조상의 전통이나 문화, 업적 등을 물려받아 계속 이어 나감.
#inheritance #преемственность #залгамжлал #継承

문명 사람의 물질적, 기술적, 사회적 생활이 발전한 상태.
#civilization #цивилизация #соёл иргэншил #文明

민족 오랫동안 일정한 지역에서 함께 생활하면서 고유한 언어, 문화, 역사를 이룬
사람들의 집단.
#people #народная история #үндэстэн #民族

일대일 양쪽이 같은 비율이나 같은 권리로 상대하거나 한 사람이 한 사람을 상대함.
#one-on-one #наравне #нэгдээ нэг #一对一

대응 어떤 두 대상이 서로 짝이 됨.
#correspondence #соответствие #тэнцэл #対応

고구려 우리나라 고대의 삼국 가운데 한반도의 북쪽에 있던 나라. 고주몽이 기원전 37년에 세웠고 중국 요동까지 영토를 넓히며 발전하였다. 668년에 신라와 당나라의 연합군에 멸망하였다.
#Goguryeo #Когурё #Гугурё улс #高句麗

몽골 만주의 서쪽이자 시베리아의 남쪽에 있는 지역. 칭기즈 칸이 13세기 초 중국 본토의 북쪽에 세운 몽골 제국이 있던 곳으로 청나라 때 외몽골과 내몽골로 나누어졌다. 북쪽으로는 러시아, 남쪽으로는 중국과 맞닿아 있다.
#Mongolia #Монголия #Монгол Улс #蒙古

목축업 소, 양, 말, 돼지와 같은 가축을 기르는 산업이나 직업.
#livestock farming #животноводство #мал аж ахуй # 牧畜業

산화하다 어떤 물질이 산소와 결합하다.
#oxidize #окисляться #исэлдэх #酸化する

화합물 두 개 이상의 원소가 만나 화학 작용을 통해 새롭게 만들어진 물질.
#compound #химическое соединение #нэгдмэл элемент #化合物

13과 평가받기

더 배워요(선택)
**대회 참가
및 결과**

학습 도구(선택)
평가받기

꼭 배워요(필수)
대회 참가하기

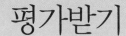
평가받기

1 평가의 개념

> 평가는 학습과 수업 활동을 통해 학생들이 어느 정도 수준에 도달해 있는지를 확인하는 과정이에요. 학생들은 평가받기를 통해 어떤 것을 잘하는지, 어떤 점이 부족한지를 돌아봄으로써 더욱 성장하고 발전할 수 있어요.

2 목적과 시기에 따른 평가 유형

학습 활동을 시작하기 전에 학생이 학습 목표에 대해 어느 정도 준비되어 있는지 확인하는 평가예요. 학습 목표와 관련된 선행 지식을 얼마나 알고 있는지 평가해요.	학습이 진행되고 있는 과정 중에 실시하는 평가예요. 학생이 학습 내용을 잘 이해하고 있는지 주기적으로 관찰하고 평가해요.	학습이 끝났을 때 학습 목표가 얼마나 달성되었는지 알아보는 종합 평가예요. 학습의 전 영역을 종합적으로 평가해요.
[진단 평가] 학습이 시작되기 전	**[형성 평가]** 학습이 진행되고 있는 중	**[총괄 평가]** 학습이 끝난 후
배치 고사, 기초 학력 검사 등	쪽지 시험, 숙제, 교사의 질문 등	기말고사, 중간고사, 모의고사 등

대회에 참가하여 그동안 쌓은 자신의 실력을 평가받을 수 있는 것처럼 학교에서는 지식이나 능력을 시험이나 수행을 통해 평가받을 수 있어요.

 ## 방법에 따른 평가 유형

질문이나 지시에 따라 주어진 보기 중에서 답을 고르는 문항 형식을 말해요. 여러 개의 보기 가운데 정답을 고르게 하는 선다형 문제가 주로 많이 사용돼요.

질문이나 지시에 따라 학생 스스로 답안을 작성하는 문항 형식을 말해요. 간단한 단어나 숫자 등으로 답을 쓰는 단답형 문제, 답을 서술하거나 논술하는 논문형 문제가 주로 많이 사용돼요.

계획서 작성 단계에서부터 결과물 완성 단계까지 전 과정을 평가해요.

문제지를 나누어 주고 연필이나 펜으로 답을 쓰게 하는 방법으로 평가해요.

실험 도구 조작 능력이나 태도, 지식을 적용하는 능력 등을 평가해요.

자료 준비의 다양성이나 적절성, 내용의 논리성, 상대방의 의견을 존중하는 태도 등을 평가해요.

학생이 만든 작품이나 수집한 자료집을 통해 학생 개개인의 변화와 발전 과정을 평가해요.

지필 평가

수행 평가

선택형 문항

서답형 문항

프로젝트

실험 · 실습

토의 · 토론

포트폴리오

학습하기 1

■ 평가받기에서 암기하기에 대해 알아봅시다.

암기하기란 다시 떠올릴 것을 예상하고 의식적으로 잊지 않도록 외우는 것을 말한다.

과학 경시대회에 나가기 위해 공부를 하는데 외워야 하는 것이 많다. 어떻게 하면 공부 내용을 잘 외울 수 있을지 알아보았다.

- 암기하는 방식은 사람마다 공부의 내용마다 다를 수 있다.
- 암기가 잘되는 자신만의 방법을 찾아 활용하는 것이 중요하다.
- 과목에 따라 자주 활용되는 암기 방식을 활용하는 것도 좋다.

■ 이름의 앞 글자만 떼서 외우는 방법

다양한 암기 방식에 대해 알아보자.

이 방식은 여러 과목에서 가장 많이 활용되고 있다.
국사 과목에서 조선 왕의 순서를 외우는 방법으로 유명하다.

수 성	금 성	지 구	화 성	목 성	토 성	천 왕성	해 왕성

■ 그림으로 외우는 방법

이 방식은 과학 과목에서 선호된다.
서술하기 어려운 내용의 경우 그림을 활용하면 보다 쉽게 암기할 수 있다. 부호(⊙: 태양, ♀: 금성, ♂: 화성 등)를 활용하면 내용을 보다 간단하게 정리할 수 있다.

행성의 특징 외우기

크기와 질량이 작지만 밀도가 큼. 고리가 없음.

크기와 질량이 크지만 밀도가 작음. 위성이 많고 고리가 있음.

태양

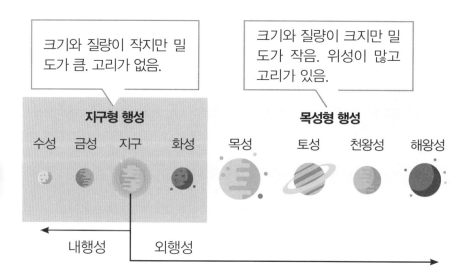

지구형 행성

수성　금성　지구　화성

목성형 행성

목성　토성　천왕성　해왕성

내행성　　외행성

암기하기

■ 이야기로 외우는 방법

이 방식은 사회나 과학 과목에서 용어를 외울 때 주로 활용된다.

계절별 별자리 외우기

봄 처녀자리, 목동자리, 사자자리
→ 처녀와 목동이 사자에게 쫓긴다.

가을 물고기자리, 안드로메다자리, 페가수스자리
→ 페가수스를 타고 안드로메다 공주를 만나서 물고기를 선물한다.

여름 독수리자리, 백조자리, 거문고자리
→ 거문고 소리에 독수리와 백조가 춤을 춘다.

겨울 쌍둥이자리, 작은개자리, 큰개자리. 오리온자리
→ 사냥꾼 오리온이 키우는 쌍둥이 개는 한 마리는 작고 한 마리는 크다.

■ 노래로 외우는 방법

이 방식은 다양한 과목에서 시도되는데, 특히 외국어 과목에서 많이 활용된다.
보편적으로 멜로디가 단순하고 대중들에게 많이 알려져 있는 노래에 가사를 붙인다.
영어의 ABC 노래가 유명하다.

 노래를 들어 보세요.

달 이름 외우기

태양, 지구, 달 일직선 되면
둥글둥글한 '보름달' 뜨고
반시계 방향으로 점점 작아져 '하현망'
왼쪽 반달 '하현' 그리고 '그믐달'

달님은 스스로 빛을 못 내요
태양 빛을 반사해서 빛을 내지요
달님은 스스로 빛을 못 내요
태양 빛을 반사해서 빛을 내지요

태양, 달, 지구 일직선 되면
달 사라지는 '삭'이 되고
반시계 방향으로 점점 차올라 '초승달'
오른 반달 '상현' 그리고 '상현망'

달님은 스스로 빛을 못 내요
태양 빛을 반사해서 빛을 내지요
달님은 스스로 빛을 못 내요
태양 빛을 반사해서 빛을 내지요

여기에서 배운 다양한 암기 방법을 시험공부할 때 실천해 봐야겠다.

학습하기 1 다지기

어휘 확인하기

▨ 〈보기〉에서 알맞은 말을 골라 문장을 완성하세요.

> **〈보기〉**
>
> 의식적　　　　부호　　　　선호　　　　보편적　　　　실천

(1) 모국어는 성장함에 따라 (　　　　)인 노력 없이 배워진다.

(2) 외국인이 (　　　　)하는 음식을 조사하기 위해 설문을 진행했다.

(3) 사회 구성원 간의 갈등은 어느 사회에나 존재하는 (　　　　) 현상이다.

(4) 선생님께서 글쓰기 숙제를 검사하실 때 특수한 (　　　　)을/를 사용하신다.

(5) 계획을 세우면 무슨 일이 있어도 (　　　　)하고자 하는 의지를 가져야 한다.

내용 확인하기

▨ 학습하기 1의 내용과 <u>다른</u> 것을 고르세요.

① 목성과 토성은 외행성이다.

② 목성보다 천왕성이 지구와 더 가깝다.

③ 달은 태양 빛을 반사시켜서 빛을 낸다.

④ 물고기자리는 가을 별자리 중 하나이다.

기능 확인하기

> 시험에서 좋은 점수를 받기 위해서는 기본적으로 암기를 잘해야 합니다.
> 암기하는 방식은 사람마다 공부의 내용마다 다를 수 있습니다.
> 암기가 잘되는 자신만의 방법을 찾아 활용하는 것이 중요합니다.
> 과목에 따라 자주 활용되는 암기 방식을 활용하는 것도 좋습니다.

■ 다음은 어떤 암기 방식을 활용한 것입니까? 알맞은 것을 고르세요.

[조선의 왕]

태정태세문단세 예성연중인명선 광인효현숙경영 정순헌철고순

---

① 이야기로 외우는 방법

② 그림으로 외우는 방법

③ 이름의 앞 글자만 떼서 외우는 방법

활동하기

■ 암기 방법을 한 가지 선택하여 시대별 유명 음악가들을 외워 보세요.

바로크	고전파	낭만파
비발디 바흐 헨델	하이든 모차르트 베토벤	슈베르트 쇼팽 슈만 베르디

앞 글자만 떼서 외우는 방법	이야기로 외우는 방법	노래로 외우는 방법	그림으로 외우는 방법

평가받기에서 성찰하기에 대해 알아봅시다.

성찰하기란 자신이 경험하고 학습한 내용에 대해 반성적으로 되돌아보는 과정을 말한다.

수행 평가 시간에 책을 읽고 논술문을 썼다. 글을 읽으며 과제에서 요구하는 내용을 잘 썼는지 확인할 것이다. 무엇을 어떻게 확인해야 하는지 알아보자.

■과제 1 소설의 줄거리를 요약하시오.

이 소설은 나라를 빼앗긴 사람들의 삶을 보여 주고 있다. 소설의 배경은 근대를 맞이한 어느 작은 나라이다. 세계의 여러 나라들은 작은 나라를 자신들의 뜻대로 조종하기 위해 강제로 조약을 맺는다.

조약들로 인해 작은 나라의 국민들은 하루아침에 삶의 터전을 잃게 된다. 강대국들은 발전을 위한 것이라고 주장하며 작은 나라의 광산 채굴 권리나 철도 운영 권리 등을 빼앗듯이 가지고 갔다. 갑작스러운 변화에 작은 나라 사람들은 땅과 일자리를 잃게 된다. 어느새 강대국 사람들이 작은 나라의 새로운 주인이 된 것이다. 이렇게 삶의 터전을 잃은 작은 나라의 국민들은 점차 생활이 어려워지게 된다. 그러나 작은 나라의 정부는 힘이 약해 강대국 사람들에 의해 고통받는 국민들을 지켜 줄 수가 없었다. 그래서 작은 나라 사람들은 각자 살아남는 방법을 찾기 시작했다. 한 사람들은 빼앗긴 나라를 되찾기 위해 스스로 군대를 만들었다. 또 다른 사람들은 강대국에 붙어 나라를 파는 데 앞장서고 그 대가로 돈을 벌었다. 어떤 사람들은 이것도 저것도 할 수 없어 그저 가만히 있었다. 소설은 그런 작은 나라 국민들의 모습을 보여 주며 끝이 났다.

성찰하는 방법

■과제에서 지시하는 바를 제대로 파악하였는지 확인한다.
■과제를 해결하기 위해 사용한 방법이 적합했는지 확인한다.
■주제나 문제에 대해 스스로에게 질문하고 답을 찾는 과정에서 잘못된 부분은 없었는지 확인한다.

줄거리를 요약하라고 해서 소설의 중심이 되는 내용 중에서 중요한 것을 골라 짧게 썼다.
소설 속 중요한 사건과 주인공의 행동을 중심으로 요약을 하였다.

이 정도면 소설의 전반적인 내용을 이해하는 데 충분한 것 같으니까 다음 과제로 넘어가야지.

성찰하기

■ 과제 2 만약 당신이 작은 나라의 국민이었다면 어떤 선택을 했을지 쓰시오.

•─────→ 의사소통 4권 2과 '-었더라면'

　내가 만약 작은 나라의 국민이었더라면 나라를 지키기 위해 군대를 만드는 데 참여할 수 있었을까? 이 군대는 정식 군대가 아니기 때문에 국가로부터 최소한의 보호도 받을 수 없다. 반대로 나의 이익만을 위해 강대국 편에 서서 내 나라를 팔 수 있을까? 내 이익 때문에 이웃의 누군가는 불행을 겪게 될 것이다. 나는 내 이웃의 고통을 못 본 척할 수 있을까? 이것도 저것도 아니면 지금 이 상황을 내 운명이라고 생각하며 조용히 받아들일 수 있을까? 누군가는 나라를 지키기 위해 목숨을 걸 것이고, 누군가는 자신의 이익을 위해 나라를 팔 것이다. 그 모든 것을 그저 바라보며 아무것도 하지 않는 것이 가능할까?

　나라면 가만히 지켜보는 삶을 살 수는 없을 것 같다. 나에게는 아무것도 하지 않는 것이 가장 큰 고통이 될 것이다. 따라서 나는 나라를 지키기 위해 군대를 만드는 데 참여할 것이다. 비록 직접 총을 들고 싸우지 못해도 열심히 돈을 벌어 그런

군인들을 지원하는 일이라도 하고 싶다. 왜냐하면 다른 선택은 내 나라의 밝은 미래를 꿈도 꿀 수 없지만 이 선택은 내 노력이 언젠가 내 나라에 자유를 가져올 것이라는 희망이라도 가져 볼 수 있기 때문이다.

과제 2에서는 내가 만약 소설의 주인공이었다면 어떤 선택을 했을지 묻고 있었다. 그래서 내가 정말 힘없는 나라의 국민이었다면 어땠을지 내 자신에게 묻고 답해 보았다.
내가 왜 그러한 선택을 했는지 나에 대해 설명하여 근거를 들었다.
혹시 과제에서 요구하지 않은 불필요한 내용을 쓰지는 않았는지 확인하였다.

마지막으로 글을 다시 읽어 보면서 맞춤법이나 띄어쓰기가 틀린 부분이 있는지 확인해 보았다.

소설에 대한 나의 생각을 충분히 썼어. 내가 어떤 선택을 하기까지의 과정을 자세히 써서 내가 왜 그 선택을 할 수밖에 없었는지를 읽는 사람으로 하여금 납득이 갈 수 있도록 하였어. 이 정도면 좋은 점수를 받을 수 있겠지?

- 글의 제목, 주제, 구성 등이 적절한지 확인한다.
- 문단이 통일되어 있는지, 중심 문장이 분명히 드러나는지, 문단의 길이가 적절한지 등을 점검한다.
- 단어를 적절하게 사용했는지, 띄어쓰기나 맞춤법은 바르게 되어 있는지를 살펴본다.

학습하기 2 다지기

어휘 확인하기

▨ 〈보기〉에서 알맞은 말을 골라 문장을 완성하세요.

〈보기〉

| 요구 | 배경 | 지시 | 전반적 | 적합 |

(1) 그 작품은 1910년대를 (   )으로/로 쓰였다.

(2) 이 해수욕장은 물의 깊이가 낮아서 어린아이들이 놀기에 (   )하다.

(3) 회사의 모든 직원들은 회의에 참석하라는 사장님의 (   )이/가 있었다.

(4) 휴식 공간이 필요하다는 직원들의 (   )이/가 받아들여져 휴게실이 생겼다.

(5) 올해 출판된 책들을 살펴보니 (   )으로/로 장편 소설이 늘어난 것을 알 수 있다.

내용 확인하기

▨ 학습하기 2의 내용과 <u>다른</u> 것을 고르세요.

① 소설은 근대 시대를 배경으로 하고 있다.

② 강대국은 작은 나라를 발전시키기 위해 노력했다.

③ 작은 나라 사람들 중 일부는 스스로 군대를 만들었다.

④ 작은 나라 사람들은 강대국 사람들에 의해 고통받고 있다.

기능 확인하기

좋은 평가를 받기 위해서는 과제의 마지막 단계에서 성찰하는 과정이 요구됩니다. 자신이 만든 결과물이 과제에서 진정으로 요구하는 내용이 맞는지 확인합니다. 또한 과제를 해결하는 과정에서 실수하거나 잘못한 것은 없는지 확인합니다. 이를 통해 잘못된 것을 고치고 더욱 발전해 나갈 수 있게 됩니다.

▨ 다음 중 과제 해결을 위해 성찰하는 방법으로 알맞은 것을 모두 고르세요.

☐ 제목의 길이가 적절한지 확인한다.

☐ 띄어쓰기나 맞춤법이 바르게 되어 있는지 확인한다.

☐ 과제가 지시하는 바를 제대로 파악했는지 확인한다.

☐ 과제를 해결하기 위해 사용한 방법이 적합했는지 확인한다.

활동하기

▨ 가장 최근에 쓴 글을 다음 표를 활용하여 성찰해 보세요.

	네	아니요
글의 제목이 적절한가?		
주제가 적절한가?		
글의 구성이 적절한가?		
문단의 통일성을 유지하고 있는가?		
중심 문장이 분명히 드러나 있는가?		
문단의 길이가 적절한가?		
단어를 적절하게 사용했는가?		
띄어쓰기나 맞춤법을 바르게 사용했는가?		

■ 위의 표를 활용해서 잘못된 점을 다시 고쳐 보세요.

지식 더하기

국어

통찰 사물이나 현상 등을 정확하고 날카롭게 꿰뚫어 봄.
#insight #проницательность #ажиглах #洞察

성찰 스스로를 반성하고 살핌.
#introspection #самоанализ #өөрийгөө ажиглах ажиглалт #省察

한계 어떤 것이 실제로 일어나거나 영향을 미칠 수 있는 범위나 경계.
#limit #предел #хил #限界

수학

오름차순 데이터를 순서대로 늘어놓을 때, 작은 것부터 큰 것의 차례로 늘어놓는 것.
#ascending order #в порядке возрастания #өгсгөсөн #昇順

내림차순 데이터를 순서대로 늘어놓을 때, 큰 것부터 작은 것의 차례로 늘어놓는 것.
#descending order #убывающий порядок #дээрээс доош чиглэсэн дараалал #降順

사회

사대부 (옛날에) 일반 백성을 다스리던 관리. 또는 그런 가문의 사람.
#sadaebu #садэбу #садэбу #士大夫

유교 삼강오륜을 덕목으로 하며 사서삼경을 경전으로 하는, 종교로서의 유학.
#Confucianism #конфуцианство #Күнзийн сургаал #儒教

근대화 사회와 문화 등이 근대의 특성을 받아들여 발전됨. 또는 그렇게 함.
#modernization #модернизация #орчин үежилт #近代化

과학

일식 달이 태양의 일부나 전부를 가리는 현상.
#solar eclipse #солнечное затмение #нар хиртэлт #日食

월식 달이 지구의 그림자에 가려 그 전부나 일부분이 보이지 않게 되는 현상.
#lunar eclipse #лунное затмение #сар хиртэлт #月食

14과 예습하기

더 배워요(선택)
**나에게 맞는 적성과
직업 탐색**

학습 도구(선택)
예습하기

꼭 배워요(필수)
**적성과 직업
알아보기**

학습 목표

효과적인 예습 방법을 안다.

앞으로 일어날 일이나 이어질 내용을 예측할 수 있다.

어떤 일이나 내용에 대해 의문을 가질 수 있다.

주제 확인하기

학습하기 1 예측하기(동백꽃)

학습하기 2 의문 형성하기(우주 개발과 우주 과학)

예습하기

 예습의 효과 및 필요성

> 여러분, 수업을 듣기 전에 예습을 하면 좋아요. 예습을 하면 수업 내용을 미리 파악할 수 있어서 수업 내용을 이해하는 데 도움이 돼요. 그리고 예습을 하면 수업 시간에 집중도 더 잘될 거예요.

> 아, 그렇구나. 그런데 예습은 어떻게 해야 해요? 다음 시간에 배울 내용을 모두 공부해야 해요?

> 꼭 그런 건 아니에요. 예습을 어떻게 하면 좋은지 한번 알아볼까요?

예습은 앞으로 배울 것을 미리 공부하는 거예요. 예습은 복습과 함께 공부를 효과적으로 하는 방법이에요. 평소에 예습하는 습관을 들이면 좋아요.

 효과적인 예습 방법

1. 제목 및 목차 보기
■ 전체 단원에서 예습하고자 하는 단원이 어디에 있는지 파악해요.
■ 대단원과 소단원의 제목을 보고 새로 배울 내용을 예측해 봐요.

2. 본문 읽기
■ 본문을 가볍게 읽어 봐요. 이때 내용 전체를 꼼꼼히 읽지 않아도 돼요.
■ 모르는 표현이 나오면 표시해 두고 그 의미를 확인해 보는 것도 좋아요.

3. 내용 파악하기
■ 본문을 읽으면서 핵심어와 중심 내용을 파악해요.
■ 학습 목표, 강조된 글씨, 요약된 부분, 도표, 그림 등을 집중해서 보면 좋아요.

4. 내용 정리하기
■ 자신이 이해하기 쉬운 방법으로 내용을 요약해요.
■ 글로 요약하는 것뿐만 아니라 도표나 그림으로 정리해 두는 것도 좋아요.

5. 수업 시간에 질문할 내용 표시하기
■ 잘 이해가 안 되는 내용은 표시를 해 두거나 질문을 미리 만들어 봐요.
■ 문제에 대한 답은 수업 시간에 확인해 봐도 좋아요.

예습하기에서 예측하기에 대해 알아봅시다.

> 예측하기란 어떤 상황의 결과를 미리 예상하는 것으로서 선행 지식에 더하여 결과의 가능성을 미루어 짐작하는 것을 말한다.

> 국어 시간에 배울 소설을 미리 읽고 예습하려고 한다. 우선 소설책의 표지를 보고 어떤 이야기일지 예측해 보기로 하였다.

예측의 효과

- 앞으로 무엇을 공부하게 될지 미리 생각하는 것은 학습에 대해 능동적인 자세를 갖게 하고 동기를 유발한다.
- 예측하는 과정 중에 자연스럽게 기존 지식을 활용하게 되면서 학습 능력을 향상시킨다.

책 내용을 예측하는 방법

- 책의 표지에는 많은 정보가 담겨 있다. 특히 책의 내용이나 분위기를 암시하는 그림 등을 통해 내용을 예측할 수 있다.
- 일반적으로 책 표지 안쪽에는 지은이에 대한 정보가 있다. 지은이의 출생 정보나 경력 등을 알면 책의 소재나 주제를 어떤 방향으로 다룰지 예측할 수 있다.
- 목차를 통해 책의 구성을 알 수 있고, 이를 통해 내용의 많은 부분을 예측할 수 있다.

김유정은 강원도 춘천 출신의 작가이다.

동백꽃은 붉은색이며 꽃송이가 크고 겨울에 피는 꽃이다. 그런데 책 표지를 보니 꽃의 색이 노랗고 꽃송이가 작다. 또한 소설의 배경은 봄이다. 그렇다면 내가 알고 있는 동백꽃과 책에 나오는 동백꽃은 서로 다른 꽃일까?

그림을 통해 동백꽃, 여자아이, 남자아이 사이에 어떤 관계가 있음을 알 수 있다. 문학 작품에서 봄에 피는 꽃은 사랑을 상징하는 경우가 많다.

동백꽃

김유정

이것만으로는 무슨 내용인지 느낌이 안 오네.

예측하기

감자에서 김이 나는 것은 구운 지 얼마 안 된 감자라는 것이다. 여자 아이가 다른 사람들 몰래 남자 아이에게 따뜻한 감자를 준다는 것은 호감의 표현이다. '사랑방 손님과 어머니'라는 소설에서도 어머니가 사랑방 손님에게 삶은 달걀을 주는 것을 통해 어머니가 사랑방 손님에게 호감이 있음을 나타낸다.

의사소통 4권 2과 '-던' ●

점순이가 자기 집 쪽을 힐끔힐끔 보더니 치마 속에 있던 오른손을 꺼내서 내 턱 쪽으로 감자를 내밀었다. 언제 구웠는지 더운 김이 홱 끼치는 굵은 감자 세 개가 손에 있었다.

"네 집에 이런 거 없지?" 하고 생색을 내며 자기가 준 것을 남이 알면 큰일이니 얼른 먹어 버리란다. 그리고 또 하는 소리가

의사소통 4권 5과 '-어 버리다' ●

"너, 봄 감자가 맛있다."

그림을 보면 여자아이가 남자아이에게 감자를 주고 있는데 여자아이의 볼이 붉은 것으로 봐서 쑥스러움을 느끼고 있는 것 같다. 그에 비해 남자아이는 별다른 표정을 짓고 있지 않는 것을 보았을 때 남자아이는 여자아이에게 큰 호감은 없는 것으로 보인다.

아마도 그림 속 여자아이와 남자아이의 사랑 이야기가 아닐까 싶다. 표지만으로 이야기가 어떻게 전개될지 정확히 예측할 수는 없지만 동백꽃, 감자, 쑥스러워하는 여자아이, 무표정한 남자아이를 보았을 때 여자아이가 먼저 용기 내 사랑을 고백하지만 남자아이가 이를 받아 주지 않아 생기는 사건이 소설의 주된 내용이 될 것 같아.

학습하기 1 다지기

어휘 확인하기

▨ 〈보기〉에서 알맞은 말을 골라 문장을 완성하세요.

> 〈보기〉
>
> | 예측 | 선행 | 동기 | 기존 | 상징 |
> |------|------|------|------|------|

(1) 흰색과 비둘기는 평화를 (   )한다.

(2) 신제품은 (   ) 제품보다 가격이 훨씬 저렴했다.

(3) 무슨 일이든 (   )이/가 생기면 열심히 하게 된다.

(4) 청 팀이 우승할 것이라는 우리의 (   )은/는 정확히 맞았다.

(5) 환경 오염을 막기 위해서는 먼저 자연 보호에 대한 교육이 (   )되어야 한다.

내용 확인하기

▨ 학습하기 1의 내용과 같은 것을 고르세요.

① 소설 〈동백꽃〉에 나오는 꽃 색깔은 빨간색이다.

② 소설 〈동백꽃〉을 쓴 사람은 강원도에서 태어났다.

③ 소설 〈동백꽃〉에서 주인공이 손님에게 삶은 달걀을 선물한다.

④ 소설 〈동백꽃〉에서 남자아이는 여자아이에게 감자를 선물한다.

기능 확인하기

예측하기를 통해 앞으로 배우거나 읽을 책의 내용을 예상할 수 있습니다. 앞으로 무엇을 공부하게 될지 미리 생각하는 것은 학습에 대해 능동적인 자세를 갖게 하고 동기를 유발하는 데에도 효과적입니다.

다음과 같은 방법으로 책의 내용을 예측할 수 있습니다.
- 책의 제목과 표지에는 많은 정보가 있습니다. 제목과 표지를 보고 책의 내용을 예측할 수 있습니다
- 책 표지 안쪽에는 지은이에 대한 정보가 있습니다. 누가 책을 썼는지 읽어 보면 책의 내용을 예측할 수 있습니다
- 목차를 통해 책의 구성을 알 수 있고, 이를 통해 내용의 많은 부분을 예측할 수 있습니다.

▨ 다음 중 책의 내용을 예측하는 방법으로 알맞은 것을 모두 고르세요.

① 책의 가격을 활용한다.　　② 목차의 정보를 활용한다.

③ 글쓴이의 정보를 활용한다.　　④ 책의 제목과 표지를 활용한다.

활동하기

▨ 다음을 읽고 어떤 일이 있었을지 예측해 보세요.

"난 감자 안 먹어. 너나 먹어."
나는 고개도 돌리지 않고 일하던 손으로 그 감자를 어깨너머로 쑥 밀어 버렸다. 그런데도 가는 기색이 없고, 이뿐만 아니라 쌔근쌔근하고 심상치 않게 숨소리가 점점 거칠어진다. 이건 또 무슨 일인가 싶어 그때서야 비로소 돌아다보니 나는 참으로 놀랐다. 우리 가족이 이 동네에 들어온 것이 삼 년 가까이 되어 가지만 지금까지 가무잡잡한 점순이의 얼굴이 이렇게까지 홍당무처럼 새빨개진 법이 없었다. (중략) 그리고 점순이는 뭐에 떠밀린 것처럼 나의 어깨를 짚은 채 그대로 쓰러졌다. 그 바람에 내 몸도 겹쳐서 함께 쓰러지며, 한창 핀 노란 동백꽃 속으로 폭 파묻혀 버렸다.

함께 넘어진 '나'와 '점순이'에게 무슨 일이 일어났을까요?

학습하기 2

■ 예습하기에서 의문 형성하기에 대해 알아봅시다.

> 의문 형성하기란 질문을 통해 문제와 의미를 명료화하는 것을 말한다.

> 우주 개발과 우주 과학에 대해 예습을 하면서 평소에 내가 미처 생각하지 못한 새로운 정보들을 접하게 되었다. 새로운 정보들을 접한 후 든 의문들을 풀기 위해 공부를 시작하였다.

우주 개발과 과학의 발전

우주 개발이 시작되고 우주 과학이 발전하면서 우리의 일상생활에도 많은 변화가 생겼다. 일상에서 자주 볼 수 있는 화재경보기나 정수기 필터, 공기 청정기 등도 우주 개발의 과정 중에 발명되었다. 그 외에도 장애인들을 위한 의수나 의족, 소방수들의 소방 장비 등도 우주 과학의 진보와 함께 발달되었다.

화재경보기, 정수기 필터가 우주 과학에 의해 발명되었다고? 내가 알기로 화재경보기는 우주 개발이 이루어지기 이전부터 있던 걸로 알고 있는데. 정수기도 우주 개발이 본격화되기 이전인 제2차 세계 대전 때 발명되었고. 뭐가 다른 거지?

의문 형성 단계

1) 현상이나 상황을 꼼꼼하게 살펴본다.
2) 살펴본 내용을 내가 가지고 있는 지식이나 유사한 경험에 비추어 본다.
3) 경험에 비추어서 납득이 되지 않거나 동의할 수 없는 부분을 정리한다.
4) 동의할 수 없는 부분을 질문의 형식으로 의문을 표현한다.

화재경보기의 발명

1845년에 미국에서 개발된 화재경보기는 화재를 목격한 사람이 전기 신호를 이용해 소방대에 화재 발생 사실을 알리는 방식이었다. 그 이전에는 교회 종을 울려서 화재 발생 사실을 알렸다.

과거에 발명된 화재경보기는 사람이 화재 발생 사실을 알려야 했구나. 그럼 현재 사용하고 있는 화재경보기와 과거의 화재경보기는 어떤 부분에서 차이가 있을까? 이건 선생님께 한번 여쭤봐야겠다.

의문 형성하기

그런데 우주 과학이 어떻게 우리 일상생활에 영향을 미치게 된 걸까? 우주 과학은 우주에 대해 연구하는 학문이 아니었나?

우주 개발의 목적

우주 개발이란 우주를 과학적으로 탐사하여 우주에 대해 더 잘 이해하는 것을 말한다. 우주 개발을 통해 인간은 다음과 같은 것들을 얻을 수 있다.

① 지구에서 고갈된 자원을 다른 행성에서 채취하여 가져올 수 있다.
② 우주 탐사 과정에서 얻은 첨단 기술을 자동차, 통신, 의료 산업 등에 활용할 수 있다.
③ 인공위성을 이용한 지상 관측을 통해 대기, 환경, 사고 등의 상황을 쉽게 관찰할 수 있다.
④ 상상 속에서만 가능하던 우주 관광이 가능해진다.

우주 과학의 학문 체계와 관련 분야

우주 과학은 수학, 지구과학, 물리학, 화학, 생물학, 전자 공학, 전기 공학, 화공학, 기계 공학, 컴퓨터 공학과 같은 학문들이 종합적으로 연구되는 학문이다.

우주 과학과 관련된 직업 분야에는 우주 탐사선 개발 및 운용, 인공위성 개발과 운용, 발사체(로켓) 개발 및 운용, 지상 장비 개발 및 운용, 위성 활용 서비스, 우주 환경 연구 등이 있다.

● 의사소통 4권 2과 '-을 뿐만 아니라'

우주 과학이란 단순히 우주를 연구하는 것뿐만 아니라 우주를 탐사하고 연구하기 위해 필요한 기술이나 도구까지 개발하는 학문이구나.
그렇다면 저 학문들이 우주 과학과 구체적으로 어떤 관련이 있을까? 특히 생물학과 우주 과학은 무슨 관련이 있을까? 다른 학문은 어느 정도 예상이 되는데 생물학은 상상이 안 돼.

우주 탐사 과정에서 많은 첨단 기술들이 개발되는구나. 그것이 우리 생활에 영향을 미친 것이고. 우주 기술이 우리 일상생활 속에 적용된 사례가 더 없을까?

예습을 하면서 드는 의문을 해결하다 보니 교과서에는 없는 많은 정보와 지식을 알 수 있었어.

학습하기 2 다지기

어휘 확인하기

■ 〈보기〉에서 알맞은 말을 골라 문장을 완성하세요.

〈보기〉

의문	진보	관측	분야	상상

(1) 이 별은 지금까지 한 번도 (   )된 적이 없었다.

(2) 이 모임에 참석한 사람들은 모두 교육 (   )의 전문가이다.

(3) 100년 전 만해도 우주를 개발하는 일은 (   )조차 할 수 없었다.

(4) 수호는 (   )이/가 나는 점이 생기면 꼭 선생님께 여쭈어보곤 했다.

(5) 사람들의 생활 습관이 빠르게 (   )하는 과학 기술을 따라가지 못하는 경우도 있다.

내용 확인하기

■ 학습하기 2의 내용과 <u>다른</u> 것을 고르세요.

① 우주 개발을 통해 다른 행성에서 자원을 채취할 수 있다.

② 인공위성을 이용해 대기, 환경, 사고 등의 상황을 알 수 있다.

③ 우주 탐사 과정에서 개발된 첨단 기술은 다른 산업 분야에 활용될 수 없다.

④ 우주 과학과 관련된 직업에는 우주 탐사선 개발자, 인공위성 개발자 등이 있다.

기능 확인하기

의문은 관찰한 현상을 현재의 지식으로는 설명할 수 없다고 인식했을 때 생기는 궁금증을 말합니다. 스스로 의문을 형성함으로써 자율적으로 탐구하게 되고 스스로 정보를 처리하여 새로운 지식을 생성할 수 있는 능력을 지니게 됩니다.

의문 형성은 4단계로 이루어집니다.
① 먼저 현상이나 상황을 꼼꼼하게 살펴봅니다.
② 살펴본 내용을 내가 가지고 있는 지식이나 유사한 경험에 비추어 봅니다.
③ 경험에 비추어서 납득이 되지 않거나 동의할 수 없는 부분을 정리합니다.
④ 동의할 수 없는 부분에 대해 질문의 형식으로 의문을 표현합니다.

■ 학습하기 2에서 민우가 다음을 읽고 어떤 의문을 형성했는지 말해 보세요.

우주 개발이 시작되고 우주 과학이 발전하면서 우리의 일상생활에도 많은 변화가 생겼다. 일상에서 자주 볼 수 있는 화재경보기나 정수기 필터, 공기 청정기 등도 우주 개발의 과정 중에 발명되었다. 그 외에도 장애인들을 위한 의수나 의족, 소방수들의 소방 장비 등도 우주 과학의 진보와 함께 발달되었다.

활동하기

■ 〈보기〉와 같이 '머피의 법칙'으로 의문을 형성해 보세요.

세상일 대부분이 안 좋은 방향으로 흘러가는 경향을 '머피의 법칙'이라고 한다.

〈보기〉

마트에서 물건을 사고 계산을 하기 위해 가장 사람이 적은 계산대를 찾아 줄을 섰다. 그런데 긴 줄 뒤에 서 있던 사람이 나보다 먼저 계산을 하고 마트를 나가고 있다. 왜 내가 줄을 선 곳은 항상 느린 걸까?

지식 더하기

국어

문학 시, 소설, 수필, 희곡 등과 같이 사람의 생각이나 감정을 말이나 글로
표현한 예술.
#literature #литература #уран зохиол #文学

인격 말이나 행동에 나타나는 한 사람의 전체적인 품격.
#personality #личность #хүн чанар #人格

갈등 서로 생각이 달라 부딪치는 것.
#conflict #конфликт #зөрчил #葛藤

수학

선분 직선 위에 있는 두 점 사이에 한정된 부분.
#line segment #отрезок # шулуун шугам #線分

부등식 수학에서, 왼쪽과 오른쪽의 값이 서로 같지 않음을 나타내는 식.
#inequation #линейное неравенство #тэгш бус тэгшитгэл #不等式

농경 농사를 짓는 일.
#cultivation #обработка земли #газар тариалан эрхлэлт #農耕

농업 농사를 짓는 일. 또는 농사를 짓는 직업.
#agriculture #сельское хозяйство #газар тариалан #農業

신분제 사람을 특정한 기준에 따라 등급을 나누어 사회적 역할과 대우를 차별
화한 제도.
#caste system #кастовая система
#нийгмийн гарлаар ялгаварлах тогтолцоо #身分制

첨단 시대나 학문, 유행 등의 가장 앞서는 자리.
#state of the art #авангард #сүүлийн үеийн #先端

탐사 알려지지 않은 사물이나 사실을 빠짐없이 조사함.
#investigation #поиск #эрэл хайгуул #探査

15과 체험하기

더 배워요(선택)
다양한 봉사 활동

학습 도구(선택)
체험하기

꼭 배워요(필수)
**봉사 활동
정보 구하기**

학습 목표

체험의 유형에 대해 안다.

묘사하는 글을 쓰는 방법에 대해 안다.

원리와 구성에 대해 기술하는 방법에 대해 안다.

주제 확인하기

학습하기 1 묘사하기(봉사 활동 수기)

학습하기 2 기술하기(점자)

체험하기

체험의 유형

학교에서는 교육과정과 연계한 체험 중심의 다양한 단체 활동을 해요.

수학여행은 다양한 사회, 자연, 문화 등을 직접 체험하여 견문을 넓히는 단체 숙박형 여행이에요.

수련 활동은 청소년 시기에 필요한 공동체 의식, 협동심을 함양하는 단체 활동이에요.

1일형 현장 체험 활동은 관광, 관람, 견학, 강의 등의 활동이에요.

수학여행

수련 활동

**1일형
현장 체험 활동**

체험은 직접 보고 듣고 해 보는 것을 말해요. 체험을 통해 학습에 대한 흥미를 높일 수 있을 뿐만 아니라 자신의 적성도 찾을 수 있어요.

학생 스스로 봉사 활동이나 체험학습을 신청하여 체험할 수 있어요.

학생 봉사 활동은 타인 및 지역 사회를 위하여 대가 없이 실시함으로써 건강한 인성을 형성해 가는 청소년 수련 활동이에요.

봉사 활동 신청 절차

봉사 활동 신청하기 (인터넷) 봉사 활동 신청 확인, 취소하기 봉사 활동 계획서 학교 제출하기

 봉사 활동 확인서 발급 봉사 활동 실행

개인 체험학습은 관찰, 조사, 수집 답사, 문화 체험, 직업 체험 등의 직접적인 경험, 활동, 실천이 중심이 되어 교육적인 효과를 나타내는 폭넓은 학습을 의미해요.

개인 체험학습 신청 절차

사전 승인	실시	사후 확인	결과 처리
체험학습 신청서 제출 및 학교장 허가	체험학습 실시	체험학습 보고서 제출 및 확인	출석 인정

다양한 활동을 체험한 후에 체험학습 보고서를 쓸 수 있어요. 체험학습 보고서를 쓸 때는 활동 내용을 잘 묘사하고 있는 그대로 기술하여 작성해야 해요.

학습하기 1

체험하기에서 묘사하기에 대해 알아봅시다.

묘사하기란 대상의 모양이나 모습을 본 그대로 그림을 그리듯이 표현하는 것을 말한다.

지난주에 반 친구들과 함께 보육원으로 봉사 활동을 다녀왔다. 봉사 활동에 다녀온 후 봉사 활동 수기를 작성하였다. 그날 아이들이 뛰어노는 모습과 보육원 풍경을 생생하게 표현해 보았다.

　　지난주 수요일에 체험학습의 일환으로 반 친구들과 함께 보육원으로 봉사 활동을 다녀왔다. 보육원은 도시에서 멀리 떨어진 교외에 있었다. 보육원 뒤쪽에는 작은 산이 보였고 앞마당에는 하천이 흐르고 있었다. 멀리서 본 보육원의 모습은 마치 엄마가 아이를 안고 있는 것처럼 보였다. 보육원에 도착한 우리는 마중 나온 보육원 원장님과 선생님들을 만날 수 있었다. 인사를 나눈 후에 선생님들의 안내로 우리는 보육원과 그 주위를 둘러보았다. 내가 보육원 주위 풍경이 아름답다고 말하니, 원장님께서 보육원 터를 정할 때 풍경이 아름다운 곳을 찾기 위해 노력을 많이 했다고 하셨다. 또 이 터는 단순히 풍경이 아름다울 뿐만 아니라 풍수지리적으로도 좋은 자리라고 하셨다. 이곳이 수업 시간에만 듣던 배산임수의 터라고 하니 신기했다. 보육원을 둘러본 후에 우리는 각자 선생님들의 안내를 받아 보육원 일을 시작했다.

의사소통 4권 2과 '-을 뿐만 아니라' •----------

묘사하기

묘사하는 방법

- 일정한 순서에 따라 표현한다. (위▶아래, 왼쪽▶오른쪽, 전체▶부분, 부분▶전체, 중심▶주위, 시간 순서 등)
- 잘 알려진 사물에 비유하여 표현한다.
- 인상적이거나 중요한 것을 중심으로 표현한다.

　나는 나나와 보육원 앞 담장 벽에 페인트를 칠하게 되었다. 두 시간이 지나서야 일이 마무리되었다. 문득 다른 친구들은 무엇을 하나 살펴보니 세인이는 아이들에게 책을 읽어 주고 있었고 수호는 평소 운동 실력을 발휘해 운동장에서 보육원 아이들과 축구를 하고 있었다. 큰 나무 주위에 모여 앉아 세인이의 이야기를 듣고 있는 아이들의 모습은 마치 아기 토끼들이 엄마 품에 옹기종기 모여 있는 것 같았다. 보육원 앞마당 한쪽에서는 키가 작은 여자아이들이 빨래를 널고 있는 유미와 소연의 뒤만 졸졸 쫓아다니고 있었다. 그 모습은 꼭 새끼 오리가 어미 오리를 쫓아다니는 것 같아 매우 귀여웠다. 우리는 모든 일을 완전히 마치고 나서 보육원 식구들과 저녁 식사를 하였다. 저녁을 다 먹고 돌아갈 때가 되니 어느새 친해진 아이들이 더 놀자고 잡는 바람에 밤이 늦어서야 집에 돌아갈 수 있었다. 이번 방문을 계기로 보육원과 교류하는 기회를 자주 가져야겠다는 생각을 하며, 우리에게 좋은 추억이었듯이 아이들에게도 즐거운 시간이었길 바라 본다.

학습하기 1 다지기

어휘 확인하기

■ 〈보기〉에서 알맞은 말을 골라 문장을 완성하세요.

〈보기〉

주위	완전	일환	발휘	계기

(1) 너무 긴장해서 실력 (   )을/를 잘 못한 것 같다.

(2) 상처가 (   )하게 회복되려면 시간이 더 걸리겠다.

(3) 동창회를 (   )으로/로 옛 친구들과 다시 연락을 하게 되었다.

(4) 학교에서 친구들과 잘 지내는 법을 배우는 것도 교육의 (   )이다.

(5) 이 지역은 (   )에 관광지도 많고 자연 경관이 뛰어나서 호텔을 짓기에 적합하다.

내용 확인하기

■ 학습하기 1의 내용과 같은 것을 고르세요.

① 나는 혼자 보육원에 다녀왔다.

② 보육원은 도시와 매우 가깝다.

③ 보육원은 배산임수의 터에 지어졌다.

④ 나는 보육원으로 자주 봉사 활동을 다녔다.

기능 확인하기

묘사하기를 통해 자신이 체험한 것을 다른 사람에게 잘 전달할 수 있습니다.
묘사하기란 어떤 대상이나 사물, 현상 등을 말이나 글로 표현하는 것을 말합니다. 어떤 대상이나 상황을 있는 그대로 다른 사람에게 전달해야 할 때 주관적인 생각을 빼고 표현하는 방법입니다. 생김새, 모양, 색깔 등 감각으로 느낄 수 있는 것을 표현할 때 사용합니다.

■ 다음 중 묘사하기에 해당하는 것을 모두 고르세요.

☐ 저 산의 높이는 약 1,947미터이다.

☐ 작고 반짝이는 유미의 입술은 꼭 앵두 같았다.

☐ 서울부터 부산까지 기차로 두 시간 정도 걸린다.

☐ 다섯 장의 빨간 꽃잎, 저 꽃의 이름은 동백꽃이다.

활동하기

■ 다음을 보고 비슷한 것을 찾아 묘사해 보세요.

어디에서 많이 본 것 같은데?

학습하기 2

기술하기란 대상의 내용과 특징을 조직적으로 밝혀 기록하는 것을 말한다.

체험 활동 시간에 점자를 배웠다. 그리고 체험 활동 보고서를 쓰려고 하는데 점자의 구조나 원리에 대해 궁금해졌다. 그래서 점자의 구조나 원리에 대해 조사하여 보고서에 쓰려고 한다.

그런데 점자는
왜 6개의 점으로
이루어져 있을까?

점자의 구조와 원리

1권

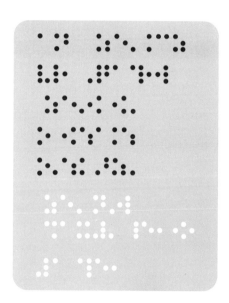

그런데 점자는 왜 6개의 점으로 이루어져 있을까?
점자에 대해 알아봐야겠다.

점자는 일반적으로 6개의 점으로 이루어져 있는데, 그 이유는 점의 개수가 6개일 때 수학적으로 합리적이기 때문이다. 대부분의 언어가 20개에서 30개의 구성 요소를 가진다. 영어의 경우 26개의 알파벳이 있고, 한국어의 경우 자음 19개와 단모음 10개로 총 29개의 구성 요소를 가진다. 여기에 숫자와 문장 부호를 나타내려면 더 많은 구성 요소가 필요하며, 한국어의 경우 이중 모음이나 받침 등이 있기 때문에 더 많은 경우의 수를 요구한다. 현재의 점자는 이러한 경우의 수를 고려하여 개발된 것이다.

    현재 점자가 만들 수 있는 경우의 수를 조합의 원리로 계산하면 다음과 같다. 점자의 점 하나는 볼록한 경우와 볼록하지 않은 경우가 있어 한 점이 나타낼 수 있는 경우의 수는 2이다. 그리고 점이 하나 늘어날 때마다 경우의 수는 2배 증가하게 된다. 예를 들어 점이 2개라고 가정했을 때 점 각각의 이름을 a와 b라고 하자. 두 점이 조합되어 나타낼 수 있는 경우를 나타내면 '두 점이 모두 볼록한 경우', 'a만 볼록한 경우', 'b만 볼록한 경우', '두 점 모두 볼록하지 않은 경우'로 총 4가지 경우를 나타낼 수 있게 된다. 이를 수식으로 나타내면 '2×2=4'이다. 점이 3개가 되면 '2×2×2=8'이 된다. 점 5개를 사용하면 32가지를 표현할 수 있는데, 32가지일 경우 한글은 문자를 모두 표현하기에도 역부족이며, 그 외에 숫자나 문장부호까지 표현하려면 더 많은 경우의 수가 필요하다. 이러한 이유로 점을 하나 더 추가하여 6개가 된 것이다. 점 6개가 표현할 수 있는 경우의 수는 64개이다. 게다가 6은 2와 3을 약수로 갖는 숫자이기 때문에 가로 2, 세로 3인 직사각형으로 배열할 수 있다. 이 경우 원이나 삼각형보다 공간을 낭비하지 않아 보다 효율적이다.

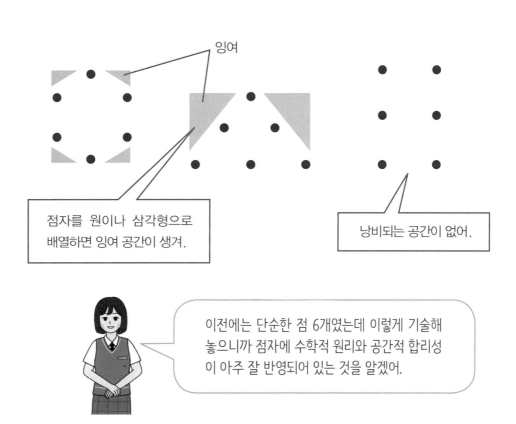

잉여

점자를 원이나 삼각형으로 배열하면 잉여 공간이 생겨.

낭비되는 공간이 없어.

이전에는 단순한 점 6개였는데 이렇게 기술해 놓으니까 점자에 수학적 원리와 공간적 합리성이 아주 잘 반영되어 있는 것을 알겠어.

학습하기 2 다지기

어휘 확인하기

▨ 〈보기〉에서 알맞은 말을 골라 문장을 완성하세요.

> **〈보기〉**
>
> | 기술 | 조합 | 가정 | 배열 | 효율적 |

(1) 도서실의 책들은 가나다순으로 (　　　　)되어 있었다.

(2) 이 책에는 점자에 대한 내용이 상세히 (　　　　)되어 있다.

(3) 만화는 그림과 글이 절묘하게 (　　　　)되어 있는 매체이다.

(4) 부족한 자원을 (　　　　)으로/로 이용하는 방안이 계속 논의되고 있다.

(5) 무인도에 간다고 (　　　　)하고 꼭 가지고 가고 싶은 물건 세 가지를 말하라.

내용 확인하기

▨ 학습하기 2의 내용과 <u>다른</u> 것을 고르세요.

① 대부분의 언어가 20~30개의 구성 요소를 가진다.

② 점자를 직사각형으로 배열하면 잉여 공간이 많다.

③ 점자의 점 하나가 나타낼 수 있는 경우의 수는 2이다.

④ 점자의 점 하나가 늘어날 때마다 경우의 수는 2배 증가한다.

기능 확인하기

어떤 사실이나 과정의 내용과 특징을 조직적으로 기록하는 것은 경험을 보다 객관적이고 타당한 설명으로 만들어 줍니다.

기술은 일상의 언어를 사용하기도 하고 분야에 따라서는 일정한 기호나 도표를 사용하기도 합니다. 현상을 사실적으로 기록함으로써 읽는 사람으로 하여금 해당 사실을 과학적인 것으로 인식하게 해 줍니다.

▨ 다음 그림의 내용을 잘 기술한 것을 고르세요.

☐ 점자는 일반적으로 6개의 점으로 이루어져 있는데, 그 이유는 점의 개수가 6개일 때 수학적으로 합리적이기 때문이다.

☐ 6은 2와 3을 약수로 갖는 숫자라서 가로 2, 세로 3인 직사각형으로 배열할 수 있다. 이 경우 원이나 삼각형보다 공간을 낭비하지 않아 보다 효율적이다.

활동하기

▨ 목소리 기부에 대해 조사하고 무엇을 하는 일인지 간단히 기술해 보세요.

봉사 활동 중에 시각 장애인을 위한 목소리 기부가 있다.

지식 더하기

국어

의사소통 생각이나 말 등이 서로 통함.
#communication #коммуникация #харилцаа холбоо #コミュニケーション

인간관계 사람과 사람, 또는 사람과 집단과의 관계.
#human relationship #человеческие отношения #хүмүүсийн харилцаа
#人間関係

화자 이야기를 하는 사람.
#speaker #өгүүлэгч #話者

수학

대칭 두 사물이 서로 크기나 모양이 정확히 같아 한 쌍을 이룸.
#symmetry #симметрия #тэгш хэм #対称

꼭짓점 두 개의 선이나 세 개 이상의 면이 만나는 점.
#apex #вершина #огтлолцолын цэг #頂点

사회화 인간이 사회의 한 구성원으로 생활할 수 있도록 사회적인 성격을 가지게 됨. 또는 그런 일.
#socialization #социализация #нийгэмчлэгдэх #社会化

선천적 태어날 때부터 지니고 있는 것.
#being innate #врождённый #төрөлхийн #先天的

불평등 차별이 있어 평등하지 않음.
#inequality #неравенство #эрх тэгш бус #不平等

이진법 숫자 0과 1만을 사용해서 수를 세거나 나타내는 방법.
#binary system #двоичная система счисления #хоёрчилсон систем #二進法

자극 어떠한 작용을 주어 감각이나 마음에 반응을 일으키게 함. 또는 그런 작용을 하는 사물.
#stimulus #стимул #нөлөө #刺激

16과 학습 반응하기

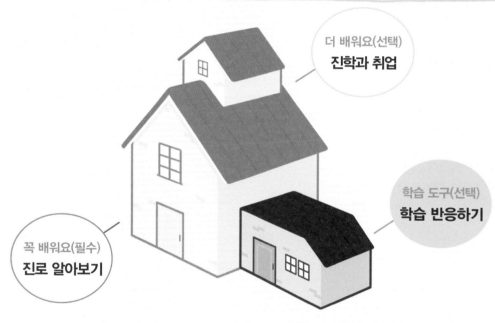

더 배워요(선택)
진학과 취업

학습 도구(선택)
학습 반응하기

꼭 배워요(필수)
진로 알아보기

학습 목표	학습 반응하기의 의미와 양상에 대해 안다.
	판단을 위한 준거를 설정할 수 있다.
	어떤 대상에 대한 가치를 판단할 수 있다.

주제 확인하기	**학습하기 1** 준거 설정하기(직장 선택)
	학습하기 2 가치 판단하기(생활 속 화학)

학습 반응하기

1 학습 반응하기란

학습 반응하기란 학습 상황에서 이해한 것에 대해 적절히 반응하는 것을 말합니다. 이는 이해에 대한 확인의 과정으로 반응에 따라 학습이 제대로 이루어지고 있는지를 확인할 수 있습니다. 단순히 고개를 끄덕이는 것부터 나아가 감상이나 평가 등을 말하는 것으로 자신의 이해를 상대방에게 확인시킬 수 있습니다.

2 학습 반응하기의 유형

자신이 이해했음을 상대방에게 알리기 위해 단순히 고개를 끄덕이거나 호응하는 것 역시 학습 반응하기가 될 수 있습니다. 나아가 어떤 것에 대해 '좋다, 나쁘다'를 따지는 것에서부터 어떤 사물이나 사람에 대해 의견을 말하거나 그것의 가치를 평가하는 것 모두 학습 반응하기의 다양한 유형입니다.

단순 반응 신호 보내기

고개를 끄덕이거나 '아', '음' 등 간단한 대답을 하며 어떤 사실에 대해 잘 이해하고 있음을 나타낼 수 있습니다. 반대로 이마를 찡그리거나 고개를 갸우뚱 기울이며 제대로 이해하지 못하고 있음을 나타낼 수도 있습니다. 이러한 반응을 통해 말하는 사람은 정보 전달을 마무리할지 추가할지를 정할 수 있습니다.

수업 시간에 또는 친구들과 함께 공부할 때 학습한 내용에 대해 적절히 반응하는 것이 필요해요. 여러분의 반응에 따라 무슨 정보를 더 줄지, 어떤 말을 이어 갈지 선생님과 친구들이 판단하고 결정할 수 있기 때문이에요.

감상 표현하기

어떤 대상을 보고 인식하는 과정 중에 드는 자신의 생각이나 느낌을 자유롭게 말할 수 있습니다. 일반적으로 음악이나 영화, 문학 작품과 같은 예술 작품에 대해 이야기할 때 자주 나타나는 반응하기의 유형입니다.

평론하기

어떤 사실이나 현상, 누군가의 행동이나 생각에 대해 옳고 그름을 이야기하고 더 나아가 그러한 것들의 가치를 따져 보는 것을 평론이라고 합니다. 좋은 평론은 상대방의 부족함을 지적해 주고 그 결과 평론을 받아들이는 사람으로 하여금 더욱 좋은 결과물을 만들게 합니다. 문학 작품에 대해 이루어지는 평론을 비평이라고도 합니다.

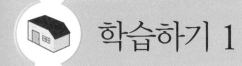

학습하기 1

준거 설정하기란 사물의 정도나 성격 등을 알기 위한 근거나 기준을 정하는 것을 말한다.

진로와 작업 시간에 직장을 탐색할 때 고려해야 하는 요소에 대한 글을 읽었다. 각 요소들을 정리하여 직장을 선택할 때 요구되는 기준에 대해 정리하였다.

직장을 탐색할 때 고려해야 하는 요소

사람들은 일반적으로 직장을 찾을 때 다음의 요소들을 고려한다. 첫째는 직종 및 업종이다. 일반적으로 사람들은 자신의 적성이나 자격에 따라 직종 또는 업종을 선택한다. 직종에 따라서는 경영, 영업, 홍보, 무역, 상담, 의료, 교육 등을 선택할 수 있고, 업종에 따라서는 서비스, 판매, 제조, 유통, 임대 등을 선택할 수 있다.

둘째는 담당 업무 및 직무 내용이다. 직종 및 업종과 연계되어 담당 업무 및 직무 내용이 무엇인지가 고려 사항이 될 수 있다. 만약 경영직이라면 '기획 및 전략, 회계 및 경리, 자금 및 재무' 등에서 업무를 부여받게 된다. 업무에 따라 해당 업무에 대한 전문 지식이나 경력을 요구하는 경우도 있다.

셋째는 근무지 및 근무 환경이다. 회사가 도심에 있는지 도시 밖에 있는지, 집과 회사의 거리는 얼마나 먼지, 교통은 얼마나 편리한지 등도 직장을 선택하는 데 고려 사항이 될 수 있다. 또한 근무 환경이 얼마나 쾌적한지, 휴게실은 있는지 등도 중요하게 생각할 수 있는 사항이다.

넷째는 근로 시간과 급여이다. 하루 또는 주에 몇 시간을 일해야 하는지, 최소한의 휴식 시간을 보장해 주는지, 휴가를 얼마나 자유롭게 사용할 수 있는지 등은 최근에 매우 중요하게 여겨지는 것들이다. 근로 시간과 연계되어 월급이나 연봉 등은 직장을 선택할 시 매우 중요하게 고려된다. 생계와 관련된 중요한 사안이기 때문에 직장을 선택할 때 가장 민감하게 고려되고는 한다.

다섯째는 복지이다. 회사가 직원이나 그 가족들에게 어떤 혜택을 제공하는지가 직장을 선택할 때 고려 사항이 될 수 있다. 정해진 급여나 휴가 외에 성과에 따라 돈이나 휴가를 더 받을 수 있는지, 회사에서 직원들의 보험료를 얼마나 지원해 주는지, 직원의 업무 능력 향상을 위해 교육이나 연수를 제공하는지 등이 이에 포함된다.

준거 설정하기

| 직장 | 🔍 |

직종: ☐ 영업　☐ 홍보　☐ 무역　☐ 상담　☐ 의료　☐ 교육
지역: ☐ 서울　☐ 경기　☐ 세종　☐ 광주　☐ 부산
급여: ☐ 시급　☐ 월급　☐ 연봉
근로 시간: ☐ 20시간　☐ 30시간　☐ 40시간　☐ 52시간/주

[준거 설정의 개념과 원리]
준거란 판단이나 평가를 위한 근거나 기준을 말한다. 준거의 근거나 기준에는 시대나 환경의 변화에 영향을 받지 않는 절대적인 것과 반대로 시대나 환경의 변화에 따라 함께 변하는 상대적인 것이 있다. 다양한 준거가 존재할 때에는 중요도나 상황에 따라 우선순위가 달라질 수 있다.

[준거를 설정할 때 주의할 점]
특성을 판단할 수 있는가?
논리적인가?
정의에 기초하는가?

고려 사항	기준
직종 및 업종	직종 및 업종이 자신의 적성과 맞는가? 해당 직종 및 업종 분야에서 요구하는 자격을 갖추고 있는가?
담당 업무 및 직무 내용	해당 업무에 대한 전문 지식을 갖추고 있는가? 해당 업무에 대한 경력을 가지고 있는가?
근무지	근무지는 도심인가, 도시 밖인가? 근무지와 집의 거리는 가까운가? 근무지 주변의 교통은 편리한가?
근무 환경	근무 환경은 쾌적하고 안전한가? 근무지에 휴게 공간이 있는가?
근로 시간	주당 근무 시간은 몇 시간인가? 휴식 시간은 얼마나 제공하는가? 휴가 기간을 자유롭게 선택할 수 있는가?
급여	급여는 생계를 유지할 만한가?
복지	성과에 따라 정해진 급여 및 휴가 외에 추가로 돈이나 휴가를 더 제공하는가? 회사는 직원들의 보험료를 지원해 주는가? 직원의 업무 능력 향상을 위해 정기적으로 교육이나 연수를 제공하는가?

이렇게 준거를 정해서 정리하니까 직장을 선택할 때 무엇을 잘 따져 봐야 하는지 명확히 알겠어.

학습하기 1 다지기

■ 〈보기〉에서 알맞은 말을 골라 문장을 완성하세요.

〈보기〉

| 탐색 | 연계 | 전략 | 보장 | 성과 |

(1) 그들은 잠수함을 타고 바닷속을 (   )하기 시작했다.

(2) 노력한 만큼 좋은 (   )이/가 나타날 것으로 기대된다.

(3) 민주주의 국가에서는 국민의 자유와 권리가 (   )된다.

(4) 실업 고등학교의 교육 내용은 산업체에서 필요한 실질적인 기술과 (   )되어 있다.

(5) 제품의 판매량을 늘리기 위해서는 기존과는 다른 새로운 판매 (   )이/가 필요하다.

■ 학습하기 1의 내용과 <u>다른</u> 것을 고르세요.

① 사람들은 적성이나 자격에 따라 직종이나 업종을 선택한다.

② 회사에서 경력을 갖고 있는 사람을 구하는 경우는 거의 없다.

③ 집과 회사의 거리가 직장을 선택하는 고려 사항이 될 수 있다.

④ 회사의 복지에는 업무 능력 향상을 위한 교육이나 연수도 포함된다.

기능 확인하기

준거란 판단이나 평가를 위한 근거나 기준을 말합니다. 준거의 근거나 기준에는 시대나 환경의 변화에 영향을 받지 않는 절대적인 것과 반대로 시대나 환경의 변화에 따라 함께 변하는 상대적인 것이 있습니다. 다양한 준거가 존재할 때에는 중요도나 상황에 따라 우선순위가 달라질 수 있습니다.

준거를 설정할 때 주의할 점은 다음과 같습니다.
▷ 특성을 판단할 수 있는가?　　　▷ 논리적인가?　　　▷ 정의에 기초하는가?

■ 다음 중 준거 설정하기에 대한 설명으로 알맞지 <u>않은</u> 것을 고르세요.

① 준거의 근거는 시대의 변화에 절대 영향을 받지 않는다.

② 판단이나 평가를 할 때 필요한 근거나 기준을 준거라고 한다.

③ 준거가 다양할 때 상황에 따라 우선순위를 다르게 할 수 있다.

④ 준거를 설정할 때 그 준거는 대상의 특성을 판단할 수 있는 것이어야 한다.

활동하기

■ 청소년이 건강을 위해 지켜야 할 생활 규칙을 만들어 보세요.

건강에 이로운 것

청소년이 지켜야 할 생활 규칙

건강에 해로운 것

학습하기 2

학습 반응하기에서 가치 판단하기에 대해 알아봅시다.

가치 판단하기란 기준에 따라 어떠한 대상이나 일에 대해 '좋다, 나쁘다, 옳다, 그르다' 등과 같이 생각을 정하는 것을 말한다.

화학 시간에 일상생활 속 화학적 원리에 대한 글을 읽었다. 그 글을 통해 화학이 일상생활에서 얼마나 많이 활용되고 있는지, 화학이 우리 일상과 얼마나 가까이 있는지를 확인하였다.

우리가 모르는 사이에 생활 속에서 화학적 원리를 활용하고 있었다고?

생활 속 화학

화학이라고 하면 어렵고 특별한 몇몇 사람들만의 학문이라고 생각하기 쉽다. 그런데 사실 우리가 알지 못하는 것일 뿐 생활의 많은 부분에서 화학적 원리들이 활용되고 있다. 특히 주방에 가면 화학이 우리 생활 속에 얼마나 가까이 있는지 확인할 수 있다. 발효는 우리가 일상에서 가장 쉽게 접할 수 있는 화학 원리이다. 과일에 설탕을 넣고 발효하여 술을 만들거나 채소, 콩, 우유 등을 발효하여 각각 김치, 청국장, 요구르트 등을 만드는 것 모두 발효라는 화학적 원리가 생활에 적용된 예이다. 이때 발효가 잘 되도록 일정한 온도를 유지하거나 발효를 돕는 물질을 첨가하기도 한다. 그저 평범하게 음식을 만드는 것 같지만 이 역시 화학적 원리가 적용된 예이다.

수제 요구르트

청국장

음식에서도 화학적 원리를 찾을 수 있구나!

가치 판단하기

화학적 원리를 생활에 보다 적극적으로 활용하는 사람들도 있다. 베이킹 소다, 구연산 등과 같은 식재료를 활용하거나 유익한 미생물을 직접 배양하여 세제를 만들어 쓴다. 이러한 세제들은 하수구로 흘려 보내도 환경을 오염시키지 않고 자연 분해되기 때문에 환경을 보호하는 데에도 도움이 된다.

사람들의 취미 속에서도 화학적 원리들이 활용되는 예는 많다. 향초나 방향제를 만들 때에도 단순히 좋은 향기가 나도록 하는 것이 아니다. 어떤 성분들의 화학적 결합을 통해 인체에 도움이 되는 향을 배합해서 사용한다. 이런 식의 적용은 화장품을 만들 때에도 이루어진다. 모두 전문적으로 화학을 전공하지 않아도 가능한 일들이다.

화학은 멀리 있지 않다. 지금도 우리가 무심코 하는 행동 속에는 다양한 화학적 원리들이 숨어 있다. 생활 속 화학 이야기를 찾아 탐구하다 보면 화학이 우리 곁에 가까이 있는 것을 확인할 수 있을 것이다.

가치를 판단하는 방법
일정한 기준이나 원칙 없이 가치를 판단하지 않도록 합리적 근거를 마련한다.
사실적 근거(자료, 지표)와 규범적 근거(표준, 기준)를 활용한다.

향초와 방향제

친환경 마크

화장품은 화학을 전문적으로 공부한 사람들만 만드는 줄 알았는데 아니었구나.
게다가 세제를 직접 만들어 쓰면 그것이 환경을 보호하는 데 도움이 된다니 화학을 알면 환경 오염도 막을 수 있겠다.

• 의사소통 4권 1과 '-는 줄 알다/모르다'

이번 기회를 통해 화학이 우리 삶과 밀접한 관계에 있는 것을 알 수 있었어. 왠지 전보다 화학이 친근하게 느껴지는걸.
이제부터 화학 공부가 재미있어질 것 같아. 이참에 화학자가 되기 위해 한번 열심히 공부해 볼까?

어휘 확인하기

▨ 〈보기〉에서 알맞은 말을 골라 문장을 완성하세요.

> **〈보기〉**
>
> 밀접   전문적   사실   규범   표준

(1) 글을 쓰는 과정과 글을 읽는 과정은 (   )한 관련이 있다.

(2) 아이들은 어른의 행동을 따라하며 사회 (   )을/를 익힌다.

(3) 그 배우에 대한 나쁜 소문은 모두 (   )이/가 아닌 것으로 밝혀졌다.

(4) 그는 경영에 대한 (   )인 지식을 배우기 위해 대학교에 진학하기로 했다.

(5) (   )이/가 되는 지침이 정해져야 여러 사람이 동일한 방향으로 일을 진행할 수 있다.

내용 확인하기

▨ 학습하기 2의 내용과 <u>다른</u> 것을 고르세요.

① 과일에 설탕을 넣고 발효시키면 술을 만들 수 있다.

② 사람들의 취미 속에서도 화학적 원리들이 자주 활용된다.

③ 미생물을 배양하여 만든 세제는 환경 보호에 도움이 된다.

④ 전문적으로 화학을 전공한 사람만 화장품을 만들 수 있다.

기능 확인하기

가치 판단하기란 기준에 따라 어떠한 것에 대해 '좋다, 나쁘다, 옳다, 그르다' 등과 같이 생각을 정하는 것을 말합니다. 가치를 판단할 때는 일정한 기준이나 원칙 없이 가치를 판단하지 않도록 합리적 근거를 마련해야 합니다. 가치를 판단할 때 활용할 수 있는 근거로는 사실적 근거(자료, 지표)와 규범적 근거(표준, 기준)가 있습니다.

▨ 다음 중 가치 판단하기에 대한 설명으로 알맞지 <u>않은</u> 것을 고르세요.

① 가치를 판단할 때는 일정한 기준이 필요하다.

② 가치를 판단하기 위해서 합리적인 근거를 마련해야 한다.

③ 가치 판단을 통해서 옳고 그름을 판단하는 것은 불가능하다.

④ 가치 판단 시 활용 가능한 합리적 근거로는 자료, 지표 등이 있다.

활동하기

▨ 다음 두 그림을 비교하여 패러디의 가치에 대해 이야기해 보세요.

패러디는 표절과는 달라요.

표절은 비난받는 데 반해 패러디는 왜 가치가 있다고 평가될까요?

레오나르도 다빈치의 '모나리자'라는 작품이다. 세계에서 가장 유명한 초상화 중 하나이다.

마르셀 뒤샹의 'L.H.O.O.Q. 수염 난 모나리자'라는 작품이다. 이 작품은 '모나리자'에 수염을 그려 넣은 것이다.

지식 더하기

국어

자아 자기 자신에 대한 인식이나 생각.
#ego #самомнение #бие хүн #自我

전문성 어떤 분야에 대한 많은 지식, 경험, 기술 등을 가지고 있는 특성.
#expertise #профессионализм #мэргэжлийн чадвар #專門性

신념 어떤 생각을 굳게 믿는 마음. 또는 그것을 이루려는 의지.
#belief #вера #итгэл #信念

수학

귀납법 구체적 사실이나 개별적 원리로부터 일반적인 법칙을 결론으로 이끌어
내는 연구 방법.
#induction #индуктивный метод #индукцийн арга #帰納法

무리수 실수이면서 분수로는 나타낼 수 없는 수.
#irrational number #иррациональное число #бүхэл тоо #無理数

공적 국가나 사회적으로 관계되는 것.
#public #официальный #улсын #公的

종교 신이나 초자연적인 존재를 믿고 복종하면서 생활이나 철학의 기본으로 삼는 문화 체계.
#religion #религия #шашин #宗教

정체성 어떤 존재의 변하지 않는 원래의 특성을 깨닫는 성질. 또는 그 성질을 가진 존재.
#identity #Подлинный характер #адилтгал #アイデンティティー

화학 물질의 구조, 성분, 변화 등에 관해 연구하는 자연 과학의 한 분야.
#chemistry #химия #хими #化学

백신 전염병에 대한 면역력을 기르기 위해 병의 균이나 독소를 이용하여 만든 약품.
#vaccine #вакцина #вакцин #ワクチン

▨ 1과 계획서 작성하기

〈학습하기 1〉
[어휘 확인하기]
(1) 관심사
(2) 정보
(3) 고려
(4) 구체적
(5) 제시

[내용 확인하기]
③

[기능 확인하기]
☑ (설명문) 사실을 중심으로 쓴다.
☐ (논술문) 주장과 근거를 제시하여 쓴다.
☐ (소설, 시) 비유나 상징 등 다양한 표현 방법을 활용하여 쓴다.
☐ (수필) 자신의 생각, 경험 등을 솔직하게 쓴다.
☑ 독자의 관심사를 고려하여 쓴다.
☑ 매체에 따라 다양한 표현 방법을 활용한다.

[활동하기]
예)

주제	일회용품 사용
목적	일회용품 사용을 줄이기 위해 일회용품의 문제점과 심각성을 알리는 글을 쓰겠다.
목표	1. 사실을 중심으로 쓴다. 　일회용품 사용의 문제점과 심각성을 알리는 글이니까 사실을 중심으로 써야 한다. 2. 독자의 관심사를 고려하여 쓴다. 　사람들이 평소에 일회용품을 얼마나 사용하는지 자료를 찾는다. 일회용품을 많이 사용해서 생기는 문제의 사례를 찾는다. 3. 매체에 따라 다양한 표현 방법을 활용한다. 　일회용품의 문제점과 심각성을 잘 보여 주는 그림이나 사진을 찾는다.

〈학습하기 2〉
[어휘 확인하기]
(1) 관찰
(2) 수집
(3) 보고서
(4) 일정
(5) 작성

[내용 확인하기]
(1) O (2) O (3) X

[기능 확인하기]
①

▨ 2과 협동 학습 하기

〈학습하기 1〉
[어휘 확인하기]
(1) 제안
(2) 표현
(3) 발전
(4) 특성
(5) 관련

[내용 확인하기]
④

[기능 확인하기]
③

[활동하기]
예) 나도 교통 문제에 대해서 발표하면 좋겠어. 어린이 보호 구역에서도 차들이 너무 빨리 달리는 것 같아. 아이들이 다니기 너무 위험해.

〈학습하기 2〉
[어휘 확인하기]
(1) 동의
(2) 가능성
(3) 상대방
(4) 전달
(5) 참여

[내용 확인하기]
③

[기능 확인하기]
(나)

▨ 3과 보고서 쓰기

〈학습하기 1〉
[어휘 확인하기]
(1) 존재
(2) 삭제
(3) 요약
(4) 추측
(5) 의사

[내용 확인하기]
④

[기능 확인하기]
④

[활동하기]
예) 진정한 친구는 나에게 말을 많이 하는 사람이 아니
라 내 말을 잘 들어주는 사람이다. 그래서 시간을 내
서 상대방의 말을 잘 들어주는 것이 가족과 이웃을 사
랑하는 가장 좋은 방법이다.

〈학습하기 2〉
[어휘 확인하기]
(1) 대표적
(2) 완성도
(3) 원리
(4) 확률
(5) 예시

[내용 확인하기]
(1) O (2) O (3) X

[기능 확인하기]
③

[활동하기]
예) 또 휴대 전화 요금 청구서에서 휴대 전화 요금
의 변화가 그래프로 전달된다. 그래프로 지난달
보다 휴대 전화 요금을 많이 썼는지 적게 썼는지
를 쉽게 알 수 있다.

▨ 4과 모둠 활동 하기

〈학습하기 1〉
[어휘 확인하기]
(1) 대상
(2) 공유
(3) 해결
(4) 설문
(5) 현황

[내용 확인하기]
②

[기능 확인하기]
③

〈학습하기 2〉
[어휘 확인하기]
(1) 작용
(2) 감소
(3) 종합
(4) 보존
(5) 토의

[내용 확인하기]
②

[기능 확인하기]
①

[활동하기]
예) 휴대 전화를 사용하는 시간을 정한다.
밤늦게까지 휴대 전화를 사용하지 않는다.
걸으면서 휴대 전화를 보지 않는다.

▨ 5과 책 읽기

⟨학습하기 1⟩
[어휘 확인하기]
(1) 연구
(2) 포함
(3) 역할
(4) 과정
(5) 비판

[내용 확인하기]
④

[기능 확인하기]
③

[활동하기]
②

⟨학습하기 2⟩
[어휘 확인하기]
(1) 보호
(2) 심리
(3) 구별
(4) 논리적
(5) 원인

[내용 확인하기]
②

[기능 확인하기]
③

[활동하기]
예 1) 1번의 아이는 조카나 다른 사람의 아이일 수 있다. 3번은 반지는 결혼하지 않아도 낄 수 있다. 4번은 혼자 사는 사람도 집안일을 해야 하니까 그냥 혼자 사는 사람일 수 있다. 2번은 팔과 다리에는 살이 없고 배만 나온 것을 보니 임신을 한 것 같다. 그러므로 결혼한 사람은 2번일 것이다.
예 2) 1번은 아이는 조카나 다른 사람의 아이일 수 있다. 2번은 임신이 아니라 그냥 살이 찐 것일 수 있다. 4번

은 혼자 사는 사람일 수 있다. 3번은 네 번째 손가락에 반지를 끼고 있다. 보통 이 자리는 커플링이나 결혼반지를 끼는 자리라 패션 반지로는 잘 끼지 않는다. 그러므로 결혼한 사람은 3번일 것이다.

▨ 6과 필기하기

⟨학습하기 1⟩
[어휘 확인하기]
(1) 확대
(2) 방식
(3) 증가
(4) 핵심
(5) 통신

[내용 확인하기]
④

[기능 확인하기]
①, ②

[활동하기]

산업화란 농업 중심의 사회가 공업과 서비스업 중심의 사회로 변화해 가는 현상을 말한다. 이 과정에서 경제 활동의 기회가 더 많은 도시로 인구가 이동하면서 도시화가 빠르게 진행된다. 이와 같은 산업화와 도시화에 따라 도시 문제가 생겼다.

→ 산업화: 농업 중심에서 제조업, 서비스업 중심으로 경제 중심이 바뀌는 것

→ 도시화: 농촌의 젊은 이들이 일자리를 찾아 대도시로 모여 드는 것

⟨학습하기 2⟩
[어휘 확인하기]
(1) 기준
(2) 성질
(3) 특징
(4) 일정
(5) 구분

[내용 확인하기]
③

[기능 확인하기]
(다) → (라) → (가) → (나)

[활동하기]

종류	모습	숨쉬는 방법	번식	예
포유류	털	폐	새끼	토끼, 호랑이
조류	깃털	폐	알	까치
파충류	비늘	폐	알	악어
양서류	피부	폐, 피부, 아가미	알	개구리
어류	비늘	아가미	알	X

▨ 7과 복습하기

〈학습하기 1〉
[어휘 확인하기]
(1) 요소
(2) 교류
(3) 범위
(4) 조직
(5) 개념

[내용 확인하기]
④

[기능 확인하기]
③

[활동하기]

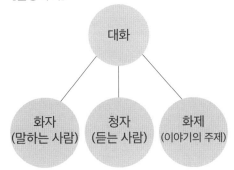

〈학습하기 2〉
[어휘 확인하기]
(1) 대립
(2) 체계적
(3) 실험
(4) 예상
(5) 현상

[내용 확인하기]
④

[기능 확인하기]
(1) O (2) X (3) O

[활동하기]
뉴턴의 관성의 법칙에 따르면 (외부)로부터 아무런 (힘)의 (작용)을 받지 않으면 움직이는 물체는 (계속) 움직이려고 한다.

▨ 8과 점검하기

〈학습하기 1〉
[어휘 확인하기]
(1) 요인
(2) 실태
(3) 바탕
(4) 비율
(5) 갈등

[내용 확인하기]
②

[기능 확인하기]
②

〈학습하기 2〉
[어휘 확인하기]
(1) 발생
(2) 실체
(3) 생산
(4) 공존
(5) 영향

[내용 확인하기]
③

[기능 확인하기]
- 원인: 소를 사육한 땅은 소가 끊임없이 밟아 단단해지기 때문에 씨앗을 뿌려도 싹이 나지 않는다.
- 결과: 사막 지대가 된다.

[활동하기]
예) 왜냐하면 플라스틱 빨대 종류가 6개라서 재활용이 어렵기 때문이다. 그래서 매년 800만 톤의 플라스틱 빨대가 바다에 버려지고 있다. 바다에 버려진 플라스틱 빨대는 바다 생물의 코에 꽂히기도 하고 바다 생물들이 먹기도 한다.

▨ 9과 문제 풀기

〈학습하기 1〉
[어휘 확인하기]
(1) 독특
(2) 관점
(3) 소재
(4) 현실
(5) 형식

[내용 확인하기]
①

[기능 확인하기]
④

[활동하기]
예) 진실성, 산문성, 서사성, 모방성, 예술성, 개연성 등

〈학습하기 2〉
[어휘 확인하기]
(1) 접근
(2) 오류
(3) 분배
(4) 공식
(5) 최소

[내용 확인하기]
④

[기능 확인하기]
②

▨ 10과 발표하기

〈학습하기 1〉
[어휘 확인하기]
(1) 다수
(2) 차지
(3) 미만
(4) 시기
(5) 필수

[내용 확인하기]
④

[기능 확인하기]
④

[활동하기]
예) 그래프

〈학습하기 2〉
[어휘 확인하기]
(1) 분리
(2) 성분
(3) 접촉
(4) 경로
(5) 각종

[내용 확인하기]
②

[기능 확인하기]
②, ③

[활동하기]
예) 대부분의 병균은 100도시 이상에서 죽어 없어지므로 음식물을 익혀 먹으면 일상에 존재

하는 대부분의 병균이 몸속으로 들어오는 것을 막을 수 있다.

11과 토론하기

〈학습하기 1〉
[어휘 확인하기]
(1) 성장
(2) 추구
(3) 충족
(4) 정책
(5) 지원

[내용 확인하기]
① □
② ○
③ ○
④ ○
⑤ □

[기능 확인하기]
①

[활동하기]
예) CCTV를 설치하면 학생들의 사생활을 침해할 수 있다고 생각하지는 않습니까?
눈에 보이는 폭력만이 학교 폭력이라고 생각합니까?
정말 교실 상황을 지켜보는 것만으로 학교 폭력을 방지할 수 있다고 생각합니까?

〈학습하기 2〉
[어휘 확인하기]
(1) 신뢰
(2) 개발
(3) 매체
(4) 획기적
(5) 도입

[내용 확인하기]
③

[기능 확인하기]
①

[활동하기]
예) 종이 빨대를 사용함으로써 플라스틱으로 인한 오염이 개선되었다는 조사 자료나 통계 등이 존재하나요? 종이 빨대를 사용함으로써 플라스틱으로 인한 오염이 개선될 수 있다는 주장의 근거는 무엇인가요? 요즘 커피숍에서는 일회용품 사용을 줄이기 위해 종이컵 대신 유리컵에 음료를 제공하고 있습니다. 그런데 플라스틱 빨대 대신에 종이 빨대를 사용하는 것이 어째서 친환경적인 행동이 될 수 있나요?

12과 실험하기

〈학습하기 1〉
[어휘 확인하기]
(1) 증명
(2) 확보
(3) 인용
(4) 선정
(5) 무작위

[내용 확인하기]
③

[기능 확인하기]
③

[활동하기]
예) 김포는 예로부터 쌀 재배지였는데 한강 하류와 접하고 있습니다.
여주는 지금도 쌀 재배지로 유명한데 도시 한가운데로 남한강이 흐르고 있습니다.
남주와 함평 모두 영산강을 접하고 있으며 쌀 재배지로 유명합니다.

〈학습하기 2〉
[어휘 확인하기]
(1) 유사
(2) 기본

(3) 차이
(4) 통제
(5) 활용

[내용 확인하기]
④

[기능 확인하기]
①

[활동하기]
예) ph 시험지로 비교 실험을 한 결과, 요구르트에서
  는 ph 시험지가 노란색으로, 베이킹파우더에서는 남
  색으로 변했습니다. 이를 통해 요구르트는 산성, 베
  이킹파우더는 염기성인 것을 알 수 있었습니다.

▨ 13과 평가받기

〈학습하기 1〉
[어휘 확인하기]
(1) 의식적
(2) 선호
(3) 보편적
(4) 부호
(5) 실천

[내용 확인하기]
②

[기능 확인하기]
③

〈학습하기 2〉
[어휘 확인하기]
(1) 배경
(2) 적합
(3) 지시
(4) 요구
(5) 전반적

[내용 확인하기]
②

[기능 확인하기]
□ 제목의 길이가 적절한지 확인한다.
☑ 띄어쓰기나 맞춤법이 바르게 되어 있는지 확인한다.
☑ 과제가 지시하는 바를 제대로 파악했는지 확인한다.
☑ 과제를 해결하기 위해 사용한 방법이 적합했는지 확
  인한다.

▨ 14과 예습하기

〈학습하기 1〉
[어휘 확인하기]
(1) 상징
(2) 기존
(3) 동기
(4) 예측
(5) 선행

[내용 확인하기]
②

[기능 확인하기]
②, ③, ④

[활동하기]
예) 점순이가 먼저 나에게 좋아하는 마음을 표현합
  니다. 나는 그 마음도 모르고 거절하기는 했지
  만, 이를 통해 점순이가 자신의 감정에 솔직하
  고 사랑을 표현하는 데 매우 적극적인 아이인 것
  을 알 수 있습니다. 점순이가 뭐에 떠밀린 것처
  럼 나의 어깨를 짚은 채 그대로 쓰러졌다는 것은 점
  순이가 일부러 나를 밀어 넘어뜨린 것으로 파악됩
  니다. 꽃 속에 두 남녀가 파묻혔다면 다른 사람들
  은 두 사람이 무엇을 하는지 볼 수 없습니다. 점순
  이는 이 순간을 놓치지 않고 자신의 사랑을 표현하
  는 행동을 했을 것입니다.

〈학습하기 2〉
[어휘 확인하기]
(1) 관측

(2) 분야
(3) 상상
(4) 의문
(5) 진보

[내용 확인하기]
③

[기능 확인하기]
민우는 화재경보기, 정수기 필터 등이 우주 개발이 이루어지기 이전부터 있던 걸로 아는데, 우주 개발의 과정 중에 개발되었다고 하여 그 부분에 의문이 생겼다.

[활동하기]
예) 오늘 친구와 같이 영화를 보기로 했다. 약속 시간에 늦으면 안 되기 때문에 택시를 타기로 했다. 그런데 아무리 기다려도 택시가 한 대도 오지 않았다. 왜 그 많던 택시가 오늘은 한 대도 지나가지 않는 걸까?

▨ 15과 체험하기

〈학습하기 1〉
[어휘 확인하기]
(1) 발휘
(2) 완전
(3) 계기
(4) 일환
(5) 주위

[내용 확인하기]
③

[기능 확인하기]
□ 저 산의 높이는 약 1,947미터이다.
☑ 작고 반짝이는 유미의 입술은 꼭 앵두 같았다.
□ 서울부터 부산까지 기차로 2시간 정도 걸린다.
☑ 다섯 장의 빨간 꽃잎, 저 꽃의 이름은 동백꽃이다.

[활동하기]
예) 지도에 있는 나라는 위아래로 길게 뻗어 있다. 그리고 아래쪽의 모양이 코가 뾰족하고 굽이 높

은 여자 구두처럼 생겼다. 구두처럼 생긴 부분의 앞에는 큰 섬이 있어서 그 모습이 마치 부츠를 신은 사람이 공을 차고 있는 것처럼 보인다.

〈학습하기 2〉
[어휘 확인하기]
(1) 배열
(2) 기술
(3) 조합
(4) 효율적
(5) 가정

[내용 확인하기]
②

[기능 확인하기]
6은 2와 3을 약수로 갖는 숫자라서 가로 2, 세로 3인 직사각형으로 배열할 수 있다. 이 경우 원이나 삼각형보다 공간을 낭비하지 않아 보다 효율적이다.

[활동하기]
예) 목소리 기부란 시각장애인을 위한 오디오북을 만드는 데 필요한 목소리를 기부하는 것이다. 낭독 봉사라고도 하는데 낭독이란 글을 소리 내어 읽는 것을 말한다. 일반적으로 목소리 기부라고 하면 성우나 배우, 가수와 같이 특별한 사람들만 할 수 있는 일이라고 생각하기 쉽지만, 사실 누구나 조금만 노력하면 가능한 일이다. 올바른 발음 방법과 발성 방법, 효과적인 끊어 읽기 방법 등을 연습하면 누구나 할 수 있다. 나의 작은 노력이 다른 누군가에게는 큰 희망이 되기도 한다는 것을 목소리 기부를 통해 알 수 있다.

▨ 16과 학습 반응 하기

〈학습하기 1〉
[어휘 확인하기]
(1) 탐색
(2) 성과
(3) 보장
(4) 연계
(5) 전략

정답

[내용 확인하기]
②

[기능 확인하기]
①

[활동하기]
예) ■ 건강에 이로운 것: 규칙적인 식습관, 적당한 운동, 올바른 자세 유지

■ 건강에 해로운 것: 부족한 수면 시간, 과로(몸이 힘들 정도로 지나치게 일을 하는 것), 인스턴트 식품 섭취

■ 청소년이 지켜야 할 생활 규칙
- 하루에 8시간 이상 수면을 취하고, 매일 30분씩 적당한 운동을 한다.
- 하루 세 끼 규칙적으로 식사를 하며 인스턴트 식품 섭취를 피한다.
- 의자에 앉아 있을 때 올바른 자세를 유지하도록 노력하고, 지나치게 오랜 시간 공부하는 것은 삼간다.

〈학습하기 2〉
[어휘 확인하기]
(1) 밀접
(2) 규범
(3) 사실
(4) 전문적
(5) 표준

[내용 확인하기]
④

[기능 확인하기]
③

[활동하기]
예) 마르셀 뒤샹은 '콧수염을 단 모나지라'를 통해 예술은 고정된 틀에서 벗어나 자유로운 상상력을 펼쳐야 한다는 것을 주장했습니다.
이렇게 패러디는 단순히 기존 작품을 모방하는 것을 넘어서 기존에는 생각하지 못했던 새로운 의미를 제안합니다. 사람들은 패러디를 통해 작품

의 문제점을 지적하기도 하고, 더 나아가 사회를 풍자하는 도구로 활용하기도 합니다.이러한 이유로 패러디는 표절과는 구분이 됩니다.

[학습 도구 어휘]

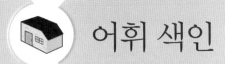

어휘 색인

[학습 도구 어휘]

오류
접근하다
최소

10과 학습하기 1
다수
미만
시기
차지하다
필수

10과 학습하기 2
각종
경로
구조
분리하다
성분
접촉하다
탁월하다
통합하다
해당

11과 학습하기 1
극복하다
성장
운영
인식하다
적극적
적용되다
절대적
정책
지원
지표
추구하다
충족
타당성

11과 학습하기 2
개발하다
고찰하다
도입하다
매체
반론
반박하다
설치하다
시도되다
시점
시행되다
신뢰성
실정
제도
제한하다
지적하다
통계
획기적

12과 학습하기 1
가설
데이터
무작위
선정하다
인용하다
증명하다
풍부하다
확보하다

12과 학습하기 2
기본적
유사점
차이점
통제하다
활용하다

13과 학습하기 1
보편적
부호
서술하다
선호
실천하다
용어
의식적

13과 학습하기 2
과제
배경
상황
요구하다
적합하다
전반적
지시하다

14과 학습하기 1
기존
동기
상징하다
선행
예측하다

14과 학습하기 2
관측
명료화
본격화
분야
상상
운용
의문
진보

15과 학습하기 1
계기

발휘하다
비유하다
완전
일환
주위

15과 학습하기 2
가정하다
기술하다
배열하다
조합
효율적

16과 학습하기 1
담당
보장하다
사안
성과
연계되다
전략
정의
준거
탐색하다

16과 학습하기 2
규범적
밀접하다
사실적
전문적
표준

[일반 어휘]

1과 학습하기 1
경제
논술문
매체
문제점
베끼다
비유
상징
설명문
솔직하다
수필
의견
인터뷰
일회용품
장점
제대로
주제
지나치다
충분히
피해
확인
활용

1과 학습하기 2
과학
동아리
뜨다
상황
선후
신청서
일시
종일
체험
환경
활동
흐름

2과 학습하기 1
각자
건조하다
경제적
공연장
기후
세계적
소나무
수치
수행 평가
시설
오염
일상생활
일자리
참가
추천하다
축제
친환경

2과 학습하기 2
공통점
기울이다
내세우다
발전기
비용
신재생
장단점
차이
차이점
학습
협동
홍보관

3과 학습하기 1
감정
공감
대체로

동작
받아들이다
불평
불필요
생명체
섭섭하다
수많다
올바르다
옮기다
이웃
자세
조언
주인공
지구
진정하다
파일
표정

3과 학습하기 2
경우
그래프
면
비둘기
선
수학적
실제로
일기 예보
자세하다
적절하다
점

4과 학습하기 1
고생
국가
동화책
문헌
물체

반작용
백과사전
시급
영상
전문가
현지
휴식

4과 학습하기 2
기계
놀이 기구
다수결
발생률
범죄
범퍼카
부딪치다
세균
소수
알코올
올려놓다
원심력
의논
중독
중력
증가
퍼센트
해결책

5과 학습하기 1
감동
개인
공공장소
구조
나름
뇌
단순히
담다

문단
배경지식
생겨나다
설득
이루어지다
지식
평생
행위
활발하다

5과 학습하기 2
가짜
기대다
낯설다
묶다
밤새
방해하다
보석
불가능
사촌
잡아당기다

6과 학습하기 1
가새표
가위표
거대
검색
경제생활
공업
구독자
내비게이션
농업
도시 문제
도시화
돋보기
동그라미
별표

사회생활
산업
산업화
서비스업
시스템
쌍방향
온라인
위성
인간관계
인구
재택근무
저장
진료
진행
폭
화살표

6과 학습하기 2
고체
기체
깃털
꽂다
단단하다
뚜렷하다
물방울
번식
비늘
상태
새끼
섞이다
섭씨
아가미
알
액체
양서류
어류
온실

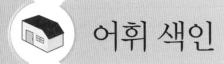

어휘 색인

[일반 어휘]

무너지다
미세
불교
사상
손해
실효성
악화
언론
외래
접하다
진실
진위
짐작
참
치료제
허점
회복

12과 학습하기 1
걸치다
교장
권위
나이지리아
낙타
노르웨이
덮이다
명언
산양
서적
수단
수학여행지
순록
스웨덴
시리아
실시
아라비아
아프리카

염소
예산
유목
유목민
이란
척박하다
초원
투표
핀란드

12과 학습하기 2
껍데기
녹이다
대리석
대사
띠다
리트머스
문화적
베이킹파우더
붉은색
산
염기
유리컵
중성
즙
폭우
푸른색
흰자

13과 학습하기 1
거문고
경시대회
고리
국사
그믐달
글쓰기
독수리

둥글둥글하다
떼다
모국어
목동
밀도
반달
반사
백조
사냥꾼
삭
안드로메다
암기
오리온
의지
일직선
조선
질량
쫓기다
차오르다
초승달
태양
특수
페가수스
행성

13과 학습하기 2
가만히
갑작스럽다
강대국
강제
고통
광산
근대
깊이
답하다
대가
되돌아보다

띄어쓰기
맞춤법
맺다
목숨
바르다
반성적
비록
빼앗다
살아남다
성찰
앞장서다
언젠가
이익
장편
정식
조약
줄거리
지켜보다
채굴
출판
터전
통일성

14과 학습하기 1
가무잡잡하다
강원도
거칠다
기색
꽃송이
끼치다
내밀다
떠밀리다
무표정
별다르다
볼
비로소
새빨개지다

생색
숨소리
신제품
심상하다
쌔근쌔근
쑥
쑥스럽다
쓰러지다
어깨너머
우승
자연스럽다
작가
작품
전개
짚다
참으로
춘천
턱
파묻히다
평화
표지
한창
향상
호감
홍당무
홱
힐끔힐끔

14과 학습하기 2
경향
계산대
고갈
공학
기계 공학
로켓
목격
물리학

미처
발사체
생물학
세계 대전
소방대
소방수
의료
의수
의족
인공위성
자원
장비
장애인
전기 공학
전자 공학
종
지구 과학
지상
채취
첨단
탐사
탐사선
필터
화재경보기

15과 학습하기 1
경관
담장
마무리
마치
문득
배산임수
보육원
생생하다
수기
앞마당
어미

어휘 색인

[일반 어휘]

1과 학습하기 1

에 대해
정의 앞의 내용을 대상으로 하여 뒤에 상황이나 행동이 이루어짐을 나타내는 표현.
예 다음 주에 볼 시험에 대해 얘기했다.

-어야겠-
정의 어떤 행위나 상황에 대한 의지를 나타내는 표현.
예 오늘 저녁에는 꼭 그 책을 다 읽어야겠다.
정보 주로 구어에서 사용하고, 동사와만 결합한다. (의사소통 한국어 3권 1과 부가 문법)

에 따라
정의 어떤 상황이나 사실, 기준에 근거하여 어떤 행위를 함을 나타내는 표현.
예 계획표를 만들고 그것에 따라 시험을 준비하면 공부 효과를 높일 수 있다.

3과 학습하기 1

에 비해
정의 비교의 대상 또는 기준을 나타내는 표현.
예 다른 과목에 비해 쓰기가 어려웠다.

4과 학습하기 2

에 의해
정의 뒤에 오는 상황이 이루어지게 되는 방법이나 수단, 상황이나 기준임을 나타내는 표현.
예 반 학생들의 투표에 의해 반장이 정해졌다.
정보 '에 의하여'의 형태로도 사용된다.

6과 학습하기 1

이란
정의 어떤 대상을 특별히 들어 화제로 삼음을 나타내는 조사.
예 이번 토론회의 주제는 '학교란 무엇인가?'이다.
정보 '은'을 사용하는 것보다 '이란'을 사용하면 화제가 더 강조되는 경향이 있다.

9과 학습하기 1

-을 법하다
정의 앞에 오는 말이 나타내는 상황과 같을 가능성이 있다고 판단함을 나타내는 표현.
예 수호의 할아버지 댁은 영화에 나올 법한 아름다운 곳에 있었다.

10과 학습하기 1

-음
정의 앞의 말이 명사의 기능을 하게 하는 어미.
예 따뜻한 바람을 맞으며 나는 봄이 왔음을 느꼈다.
정보 'ㄹ'을 제외한 받침 있는 동사와 형용사 또는 '-었-', '-겠-' 뒤에 붙여 쓴다.

10과 학습하기 2

으로써
정의 앞에 오는 말이 뒤에 오는 말의 이유가 됨을 나타내는 조사.
예 내일은 태풍이 지나감으로써 폭우가 쏟아지고 강풍이 불겠습니다.
정보 '-음으로써'로 쓴다.

12과 학습하기 2

에 반해
정의 앞의 내용과 뒤의 내용이 반대가 되거나 대조됨을 나타내는 표현.
예 수호는 체육을 잘하는 데에 반해 미술은 잘 못한다.
정보 주로 '-는 데(에) 반해'의 꼴로 쓴다.

13과 학습하기 2

-듯
정의 뒤에 오는 말이 앞에 오는 말과 거의 비슷함을 나타내는 연결 어미.
예 부모님께서 나를 항상 믿어 주셨듯 나도 내 자녀들을 항상 믿어 주려고 한다.

담당 연구원

정혜선 국립국어원 학예연구사
박지수 국립국어원 연구원

집필진

책임 집필 심혜령(배재대학교 한국어문학과 교수)

공동 집필

내용 집필	내용 검토
박석준(배재대학교 한국어문학과 교수)	조영철(인천담방초등학교 교사)
오현아(강원대학교 국어교육과 교수)	김형순(인천한누리학교 교사)
이선중(경희대학교 국제교육원 객원교수)	
황성은(배재대학교 글로벌교육부 교수)	
김윤주(한성대학교 크리에이티브인문학부 교수)	
문정현(배재대학교 미래역량교육부 교수)	
이미향(영남대학교 국제학부 교수)	
이숙진(강남대학교 어학교육원 강사)	
이은영(전북대학교 언어교육부 강사)	
홍종명(한국외국어대학교 한국어교육과 교수)	

연구 보조원

최성렬(배재대학교 한국어교육학과 박사 과정)	김세정(한남대학교 한국어교육원 강사)
김미영(우석대학교 한국어교육지원센터 강사)	김경미(배재대학교 한국어교육원 강사)
박현경(배재대학교 한국어교육원 강사)	주명진(인천영종고등학교 교사)
이창석(배재대학교 한국어교육원 강사)	김진희(대구북동중학교 교사)

고등학생을 위한
표준
한국어
학습 도구

ⓒ 국립국어원 기획 | 심혜령 외 집필

초판 1쇄 인쇄 2019년 2월 25일
초판 3쇄 발행 2024년 3월 25일

기획 국립국어원
지은이 심혜령 외
발행인 정은영
책임 편집 김윤정
디자인 표지 디자인붐/본문 허석원
일러스트 조은혜
사진 제공 셔터스톡
펴낸 곳 마리북스
출판 등록 제2019-000292호
주소 (04037) 서울시 마포구 양화로 59 화승리버스텔 503호
전화 02) 336-0729, 0730
팩스 070) 7610-2870
이메일 mari@maribooks.com
인쇄 (주)신우인쇄

ISBN 978-89-94011-07-3 (54710)
　　　 978-89-94011-05-9 (54710) set